D1932983

Zur gegenseitigen
Hilfe und
Anregung

Für Günter Reuter

von

G. Köhler

Peter Beier · Wolfgang Seehaber

Meditations-gottesdienste

Gütersloher Verlagshaus
Gerd Mohn

CIP-Kurztitelaufnahme der Deutschen Bibliothek

Beier, Peter
Meditationsgottesdienste/Peter Beier; Wolfgang Seehaber. – 1. Aufl. – Gütersloh: Gütersloher Verlagshaus Mohn, 1976.
ISBN 3-579-03584-3

NE: Seehaber, Wolfgang:

ISBN 3-579-03584-3
© Gütersloher Verlagshaus Gerd Mohn, Gütersloh 1976
Gesamtherstellung: Mohndruck Reinhard Mohn OHG, Gütersloh
Umschlagentwurf: Franz Wöllzenmüller, Unterhaching
Printed in Germany

Es kommt ein Schiff (Advent)

(Wesentlich für die Meditation ist das Zusammenwirken von Wort und Musik –, eine schwierige Sache, wie man weiß; die vorgesehene Orgelimprovisation darf nicht Programm- oder Hintergrundmusik sein; sie muß selbständig bleiben neben dem Wort, wie das Wort nicht abhängen darf von der Musik.)

Pastor: Es kommt ein Schiff, geladen
bis an den höchsten Bord,
trägt Gottes Sohn voll Gnaden
des Vaters ewigs Wort.

Das Schiff geht still im Triebe,
trägt eine teure Last;
das Segel ist die Liebe,
der Heilig Geist der Mast.

Der Anker haft auf Erden,
da ist das Schiff am Land.
Das Wort soll Fleisch uns werden,
der Sohn ist uns gesandt.

Kantor: Kurze Improvisation zur Melodie:
Es kommt ein Schiff

Pastor: es kommt ein schiff
wann kommt es
das weiße traumschiff
das versprochene
farbüberschüttet
sonnenbeglänzt
bis über die toppen
mein traumschiff kommt

wird kommen
bringt mir zurück
getötete liebe
verschüttete stunden
die totengesichter
freie passage
o kapitän
nimm mich mit
aus meiner stinkenden kammer
von meiner krankenmatratze
komm weißes traumschiff
fort
an andere ufer
DU BIST ORPLID
MEIN LAND
DAS FERNE GLÄNZT
leichtfüßig werd ich
die neue erde betreten
kein hunger
keine brennende stadt
kein sklavenhandel
die neue erde
brennt nicht
unter den füßen
komm weißes traumschiff

Pause

lange warten
wie lange warten wir
abholbereit
am feindlichen strand
herbeigesehnt
herbeigeflucht
das donnern deiner segel
aufgezogen die rote fahne
auf deinen

Kantor setzt mit der Improvisation ein, zieht diese über die Pause

schimmernden panzerleib
geschrieben
das wort
GERECHTIGKEIT
in allen sprachen
die menschen sprechen

teilt dein kiel
das blutige meer
das morsche land
siehe
wir warten alle
komm du panzerkreuzer
kanonenschiff
schieße zusammen
aus allen rohren
die alte welt
wankt schon
ist aus den fugen Orgelimprovisation
UND EIN SCHIFF MIT ACHT SEGELN – – – – – – –
UND MIT FÜNFZIG KANONEN –
WIRD LIEGEN –
AM KAI –
he nachbar mitmensch genosse –
zieh das messer –
zum schlachtfest –
wetze die zähne –
schluß mit der HUMANITÄT –
ruft die kanonen –
daß aufhört –
der hunger –
wie blumen pflanzen wir –
bajonette –
auf die gewehre –
UND EIN SCHIFF MIT ACHT SEGELN –
UND MIT FÜNFZIG KANONEN –
WIRD LIEGEN AM KAI –

Pause –
–
es kommt ein schiff –
und ist da –
hört es christen –
waren die anker geworfen –
lange vor eurem haß – – – – – – – – – – –
da ist das schiff
am kai an land auf erden
kommt und ist da
leise leise
wie einer der liebt
hält fest die erde
den menschen
da der strand
zerbrochene hoffnung
zerbeutelter traum
liegt fest
das schiff
über nacht gekommen
was schreist du
nachbar mitmensch genosse
nach gewehr kanone und messer
was läufst du narr
strandläufer
von einem traume
zum andern
umsonst
es kommt und ist da – – – – – – – – – – –
wo du bist –
–
Kleine Pause –
–
es kommt ein schiff –
bringt nichts –
als ein wort –
nichtige fracht –

traum und schaum - - - - - - - - - -
das wort hat es schwer
am narrenstrande
ausgestreut
preisgegeben
dem zugriff
dieser schmutzigen hände
wie muscheln
bück dich
nachbar mitmensch genosse
und brich sie auf
die weiße perle
wird dir gehören
die perle das wort
blick auf die atmenden segel
was liesest du da
von keinem winde verweht
ICH HABE DICH JE UND JE
GELIEBT SPRICHT DER HERR
taste ab
mit deinen versalzenen augen
die masten das holz
des rumpfes
perlenbesät
und über und über
flammenschrift
menetekel
MEIN WORT - - - - - - - - - -
SPRICHT DER HERR –
WIE EIN HAMMER –
DER FELSEN ZERSCHMEISST –
ich habe dich lieb –
krüppel narr –
träumer neinsager –
totschläger –
feigling verführer –
erfinder –

des strahlenden todes
ICH HABE DICH JE UND JE GELIEBT
SPRICHT DER HERR

Kleine Pause

und wenn ihr zusammenschießt
die alte welt
ihr werdet das wort nicht treffen
und wenn das meer
blutig wird gegen morgen
es wird das wort nicht ersäufen
und wenn sie rufen die narren
WIR HABEN KEINEN VATER
das wort gottes
bleibt
still leise
bleibt
bei dir

Kleine Pause

es kommt ein schiff
das kind
leichtfüßig
ging es von bord
hat alle hände genommen
aufhört das jammern
nach traumschiff
oder kanonenboot
heute
leichtfüßig wirst du
gehn mit dem kind
über den strand und weiter
aus deiner stinkenden kammer
von deiner krankenmatratze
vom überfluß weg

der dich ekelt –
die hand des kindes – – – – – – – – – – –
ist stärker
als alle hände der herrscher
furchtlos geht von bord
DER SOHN
bruder den brüdern
über der stirne
flammenschrift
menetekel
ICH HABE DICH JE UND JE
GELIEBT

Kleine Pause

macht frieden
söhne kains
es kommt ein schiff
und ist da
der friede

ES KOMMT EIN SCHIFF GELADEN
BIS AN SEIN HÖCHSTEN BORD
TRÄGT GOTTES SOHN VOLL GNADEN
DES VATERS EWIGS WORT

Gemeinde: singt das Lied, das Gegenstand der Meditation war.

Peter Beier

Werde licht
(Advent)

sich wehren
gegen zuviel licht
        zuviel klarheit
        zuviel wahrheit

das halbdunkel wählen
die harten konturen
verschwimmen
das licht der kerze
ist gnädiger
als das licht der sonne
die hellen
zu ende gedachten gedanken
verletzen
wir sind so verletzlich geworden
lichtscheu
die ganze klarheit
die ganze wahrheit
ist doch nur
für götter gemacht

die bettdecke
über die ohren ziehen
das freche licht
stört unsere intimität
neuerdings tragen die damen
sonnenbrillen im haar
noch vor dem lichterbaum
nimmt uns getöntes glas
in schutz
wir sind so verletzlich geworden
lichtscheu

kleinbürger gibts
die schrumpfen bei tage
zu nichts
worte gibts
die glaubt man nur
in der finsternis
halberblindete
kämpfen besser
gegeneinander
wir lieben die wut
die blind macht
den blinden eifer
ins licht gerückt
ins rechte
bleibt keiner im recht
auch nicht einer

neue propheten
lügenpropheten
halten die zukunft besetzt
teilen die halbe wahrheit
unter die leute
wie armensuppe
ernten den großen applaus
der menge in unserem
schlecht beleuchteten
circus des westens
ein clown
zieht den anderen
nach sich

ja wir sind wieder wer
doch die lage ist ernst
ja wir machen was her
doch im souterrain brennts
natürlich alles halb so schlimm
beruhigen sie sich mann

ihr arbeitsplatz
ist durchaus gesichert
trotz
ölkrise
baukrise
kapitalkrise
moralkrise
kein gespenst
geht um in europa
wer wird denn hier
gleich das licht ausmachen
im halbdunkel sieht man
keine gespenster
wir werden schon wieder kommen
ganz groß rauskommen
wir
die kapitalisten von gestern
die sozialisten von morgen
sind die egoisten von heute
und in ewigkeit amen

wer will im zwielicht
farbe bekennen
die nacht macht bekanntlich
alle katzen grau
wir sind so verletzlich geworden
lichtscheu

mache dich auf
werde licht
denn dein licht kommt
und die herrlichkeit
des herrn geht auf
über dir
denn siehe
finsternis decket
das erdreich

und dunkel die völker
aber über dir
geht auf der herr
und seine herrlichkeit
erscheint über dir
gott kommt
licht im aufgang
gott kommt
unterschiedslos erleuchtet
der abend und der morgen
der osten und der westen
taghell
und heller als alle tage

gott kommt
stellt ins licht
die dunkelmänner
die profitgeier
die schinder und schaber
der völker
die russischen irrenhauswärter
die chilenischen mörder
die folterknechte der junta

gott kommt
wehe und abermals wehe
den lügenpropheten
der halben wahrheit
erschlagen vom licht
fallen mars und saturn
babylon schmilzt
vor der sonne gottes
zu häßlichen klumpen
die geschichte bleibt
nicht ewig im dunkel
die blutige menschengeschichte
jahrtausendealte verbrecher

werden ans licht gezerrt
gib rechenschaft kain
zu lande zu wasser
und in der luft
keine bergende höhle
die dunkelheiten der gräber
sind nicht mehr
gott vergißt nicht
unerbittlich
diesseits und jenseits der grenze
erscheint das licht
des kommenden gottes
kein fluchtpunkt für adam
siege zählen nicht
leistungen zählen
nicht
das jüngste gericht
tritt heute zusammen
und morgen und immer
gott kommt
das licht setzt den maßstab
ja
das licht scheint in der finsternis
und die finsternis hats nicht begriffen
er kam in sein eigentum
und die seinen
nahmen ihn nicht auf
er
das ist der
der sagte
was ihr einem unter diesen
meinen geringsten brüdern
getan habt
das habt ihr mir getan
das licht setzt den maßstab
er ist der maßstab
wir werden gemessen an ihm

die kreuz und die quer
die länge und breite
gott kommt
wir stehen auge in auge
mit den geringsten brüdern
im licht

mache dich auf
werde licht
denn dein licht kommt
und die herrlichkeit
des herrn
geht auf über dir
denn siehe
finsternis decket das erdreich
und dunkel die völker
aber über dir
geht auf der herr
und seine herrlichkeit
erscheint über dir

gott kommt
licht im aufgang
milder schein über zion
aus dunklen toren
treten die geschundenen
die lumpenproleten
ohne namen und orden
verwundert treten sie
ins milde licht des vaters
das ist wie sommerabend
und frühlingsmorgen
volk steh auf
mache dich auf
werde licht
das licht des vaters
blendet

das licht des vaters
richtet
deine schinder
tritt heraus
aus mietskasernen
notunterkünften
fort von den fließbändern
der wohlfeilen serienproduktion
deiner entfremdung
alle räder stehen still
wenn sein starker arm es will
gott kommt mit dir
licht ist im aufgang
hört wie sie singen
die verdammten dieser
erde

die den tod nicht mehr fürchten
erheben sich
aus dem staube sibiriens
aus dem staube der negevwüste
aus hungernden kontinenten
steigen die völker ins licht
analphabeten lesen die schrift
wissen das zeichen zu deuten
gott kommt
und spricht väterlich
mein sohn war hungrig und nackt
ihr seid seine brüder
mein sohn war durstig und krank
ihr seid seine brüder
mein sohn war gefangen gefoltert
ihr seid seine brüder
mein sohn ward gehenkt und getötet
ihr seid seine genossen
mein sohn lebt
ihr sollt auch leben

mache dich auf
werde licht
fürchtet mein licht nicht
wer ins licht tritt
findet sich nicht mehr ab
mit dem zustand der welt

wehrlos sind wir
gegen den kommenden gott
er zieht uns ins licht
ins gericht
in seine liebe
die nichts
und niemand vergißt

gott kommt
der geht nie wieder fort
der uns ruft
mache dich auf
werde licht

Peter Beier

Die Liebe ist nicht käuflich (Advent)

der export
deutscher christbaumkugeln
sank um drei prozent
gegenüber dem vorjahr

was will man machen

wieder stehen
fette gänse aus polen
ins haus

ich kaufe
was du verkaufst

zusehends verteuert
sich auch der schnee
kauft sicherheit
kauft winterreifen
ihr leute
wer kauft
der bleibt

in ostberlin steht ein tisch
in westberlin steht ein tisch
da wird gehandelt
da handeln die unterhändler
die kaufbedingungen aus
von nicht beliebig
vermehrbarer ware

wer den günstigsten
einkaufstermin verpaßt

guckt in die röhre
am brandenburger tor
wird künftig eintritt
erhoben
die paradiese
sind dem ansturm
der interessenten
noch nicht gewachsen

michel versteht
sein geschäft
für geld
kriegst du alllässs

die lohntüte die wundertüte
aus dem zylinder
zaubert die arbeitgebergewerkschaft
weiße kaninchen
aber
ein streik kommt selten allein
klassenkampf
kassenkrampf
zwischen sieben und
zwölf prozent
stellt sich
soziale ungerechtigkeit
von selbst wieder her
es kommt alles ins lot
wachsende nachfrage
steigert die produktion
erfahrungsgemäß
die internationale
der waffenhändler
(völker höret
die signale)
ist eine durchaus
ehrenwerte gesellschaft

ich kaufe
was du verkaufst

die schließfächer
der banken
stehen jedermann offen
ruhe sanft
geld oder gewissen
die pfandleihen
hängen voll gut erhaltener
weltanschauungen

eine lippe riskieren
das maul aufmachen
die tür zuschlagen
für unsereinen
findet protest
nur statt
nach feierabend

wir sind käuflich geworden
ware
hoffnungslos

da kommt einer an
mit ein paar freunden
nach langem weg
staubig
ein wenig heruntergekommen
mittellos
möglicherweise müde
die tore der großen stadt
sind geöffnet
für handel und wandel
den esel
den er braucht
um darauf zu sitzen

kauft er nicht
er läßt ihn holen
die kleinen leute
verstehen einander
das ist kein großes geschäft

und als er einzieht
mit seinen freunden
wird er begrüßt
von den kleinen leuten
die habenichtse
die arbeitslosen
die huren und eckensteher
das sammelt sich
reißt zweige von den bäumen
(bürger schützt eure anlagen)
es ist kein einziger
gekaufter blumenstrauß
darunter
bettler
breiten mäntel aus
erbettelte oder gestohlene
jedenfalls fadenscheinige
mäntel

große begrüßung
großer bahnhof
gelobt sei
der da kommt
im namen des herrn

der kommt
um das große geschäft zu machen
das geschäft seines lebens
bankiers wissen immer bescheid
und die damen sagen
hinter gardinen

ein gutaussehender junger mann
wenn er nur nicht
so arm wär
und die soldaten spotten
nicht einmal
einen miesen dolch
unterm rock
wie will der sich halten
in dieser stadt

angekommen am rathaus
steigt er ab
unbeachtet vom bürgermeister
und den wachen noch
der markt ist voller gesindel

der wird doch nicht etwa reden
sie recken die hälse
der wird doch nicht etwa reden
der bettlerkönig
der lumpenmessias
aber er redet und spricht

leute
ich bin nicht käuflich
die liebe ist nicht käuflich
die liebe gottes ist nicht käuflich
ihr seid nicht käuflich
ihr seid
menschen
es schweigen die kleinen leute
die wachen spitzen die ohren
im vorübergehn
ein kaufmann
aufgestört
rotes gesicht
bulliger nacken

drängt sich durch
halts maul
galiläer
geh hin
wo du herkamst

aber der redet weiter
und spricht
ich bin nicht käuflich
die liebe ist nicht käuflich
die liebe gottes ist nicht käuflich
ihr seid nicht käuflich
ihr seid
menschen

sie werfen ihm münzen zu
die vornehmen herrschaften
aus fenstern
von den balkonen
fürstensilber
kaisergold
die menge balgt sich
ob er sich beugt
er bückt sich nicht
der galiläer

das genügt schon
den wachen
und dem herrn
bürgermeister
dem man berichtet
von diesem nicht
käuflichen menschen
das reicht der polizeibehörde
die die anlagen der bürger
schützt das reicht
den soldaten

es wird nach
legalen schlägen
nach kleinen erlaubten
foltertricks
dem menschen
durch gerichtsgutachten
in legaler verhandlung bestätigt
wer das gold des kaisers
verachtet
verachtet den kaiser
wer den kaiser verachtet
verachtet die gute ordnung
der menschen
wer sich nicht bückt
soll auch nicht essen

es war nicht nötig
zeugen zu kaufen
diesmal
indessen kauft man
die käuflichen kleinen leute
die habenichtse
die schrein
selbstvergessen
ohne erinnrung an gestern
kreuzige kreuzige

in der gluthitze des nachmittages
zur zeit
wo es sich nicht lohnt
geschäfte zu machen
hängen sie ihn
schräg zur sonne
ein paar andre gleich mit
kostensparend

und gegen die gaffer

und gegen die mauer
der armen leute
gegen die spiesse der soldaten
gegen die neugier der damen
und den hohn der bankiers
sagt
der mann

ich bin nicht käuflich
die liebe ist nicht käuflich
die liebe gottes ist nicht käuflich
die hoffnung ist nicht käuflich
ihr seid nicht käuflich
ihr seid
menschen

seitdem gibt es hoffnung
in der welt der betrogenen betrüger
gott kommt und gibt
ohne etwas zu nehmen
weil jesus kam
und gab
ohne etwas zu nehmen

du kannst kommen
und geben
ohne zu nehmen

Peter Beier

Ich bin immer dabei
(Gründonnerstag)

I.

Und alsbald, da er noch redete, kam herzu Judas, der Zwölf einer, und eine große Schar mit ihm, mit Schwertern und mit Stangen, von den Hohenpriestern und Schriftgelehrten und Ältesten. Und der Verräter hatte ihnen ein Zeichen gegeben und gesagt: Welchen ich küsse werde, der ist's; den greift und führt ihn sicher hinweg. Und da er kam, trat er alsbald zu ihm; und sprach zu ihm: Rabbi! Und küßte ihn. Die aber legten ihre Hände an ihn und griffen ihn. (Markus 14,43–52)

ICH STELLE MIR VOR, ICH BIN DABEIGEWESEN,
ich, ein unbedeutender mensch des zwanzigsten jahrhunderts,
ich, ein kindsvater und gehaltsempfänger,
ich, dessen haut und gewissen
eigentlich weiß sind.
selbstverständlich muß ich den geringsten verdacht,
wirklich dabeigewesen zu sein,
entschieden zurückweisen.
aber,
wie stehe ich da,
wenn meine vorstellungen in wahrheit
meine Erinnerungen sind?

Jedenfalls – diese nacht nimmt kein ende,
eigentlich wollte ich nur
auf einen sprung hinaus,
luft holen, die sterne sehen,
in meiner kneipe das abendbier nehmen,
den ärger runterspülen, ärger hat man immer.
ich jedenfalls wollte das nicht,

ich wollte nicht hineingeraten.
das fing ganz harmlos an.
der kerl rempelt mich in der dunkelheit,
haben sie feuer, geb ich ihm feuer,
das gesicht kenne ich nicht,
aber das schwarze koppel, das pistolenhalfter,
das kenne ich.
zeigen sie mir mal ihren ausweis,
ich zeige den ausweis,
wir brauchen einen zeugen, wir brauchen einen,
der sich hier auskennt,
wo ist der garten, wie groß ist der garten,
kommen sie mit, wir holen einen,
der fällig ist.
es sind plötzlich eine menge leute,
die nacht hat sie auf die straße gespuckt,
mir vor die füße, ausgerechnet.
sie fassen tritt ohne kommando.
vorne und hinten stablampen,
ich gehe vorne, ich muß vorne gehen,
wegweiser, der sich hier auskennt.
der garten hält die tageshitze in den steinen,
in der umfassungsmauer, im gras,
die luft ist zum schneiden.
ich schmecke den salzigen schweiß
auf meiner oberlippe.
ich sehe sie zuerst, fünf sechs mann,
geduckt hinter einer zypresse,
das häufchen elend, die stablampen packen zu,
der kreis wird geschlossen.
jetzt kann ich die hitze hören,
ich höre mein herz, ich zähle mich aus.
welcher ist es, na machen sie schon,
sie kennen ihn doch, natürlich kenne ich ihn,
wer kennt ihn nicht.
ich kenne ihn flüchtig, nur ganz flüchtig,
will ich sagen, so wie man den nachbarn kennt,

den anwohner, den postboten oder den gasmann.
aber das kann ich nicht sagen,
den kenne ich zweifellos näher,
den kenne ich doch seit langem,
mit dem hab ich im sande gespielt,
der hat mit mir die schulbank gedrückt,
der ist mit mir in die lehre gegangen,
der ist mit mir in gefangenschaft gewesen,
den kennt hier jeder,
ich kenne ihn, wie einer den freund kennt,
der hat lange mit mir geredet,
der hat mich auf manchen weg mitgenommen,
der hat mich ganz schön mitgenommen,
wenn er mit mir geredet hat.
welcher von denen ist es?
meine rechte hand hebt sich in augenhöhe,
ich sehe, wie sich der zeigefinger
von den anderen fingern absondert,
sich aus der faust nach vorn biegt
und anzeigt: der da!
ich sehe nur meinen zeigefinger,
den ich nicht mehr in die faust zurückkriege,
ich zeige immer noch auf ihn,
mein leben lang zeige ich auf ihn,
ich zeige ihn an,
ich habe gezeigt, wer ich bin,
judas,
welcher dabei war.

ICH STELLE MIR VOR, ICH BIN DABEIGEWESEN.
ich, ein unbedeutender mensch, des zwanzigsten jahrhunderts,
ich, ein kindsvater und gehaltsempfänger,
ich, dessen haut und gewissen eigentlich weiß sind,
ich, der ich mir nur vorstellen will,
ich sei dabeigewesen,
war immer dabei.

II.

Einer aber von denen, die dabeistanden, zog sein Schwert und schlug des Hohenpriesters Knecht und hieb ihm ein Ohr ab. Und Jesus antwortete und sprach zu ihnen: Ihr seid ausgegangen wie gegen einen Mörder mit Schwertern und mit Stangen, mich zu fangen. Ich bin täglich bei euch im Tempel gewesen und habe gelehrt, und ihr habt mich nicht gegriffen. Aber es muß die Schrift erfüllt werden. Da verließen ihn alle und flohen. Und es war ein Jüngling, der folgte ihm nach, der war mit einer Leinwand bekleidet auf der bloßen Haut; und sie griffen ihn. Er aber ließ die Leinwand fahren und floh nackt davon.

ICH STELLE MIR VOR, ICH BIN DABEIGEWESEN.
ich, ein unbedeutender mensch des zwanzigsten jahrhunderts,
ich, ein kindsvater und gehaltsempfänger,
ich, dessen haut und gewissen eigentlich weiß sind,
selbstverständlich muß ich den geringsten verdacht,
wirklich dabeigewesen zu sein,
entschieden zurückweisen.
aber,
wie stehe ich da,
wenn meine vorstellung in wahrheit
meine erinnerungen sind?

Diese nacht nimmt tatsächlich kein ende.
gegen die aufsteigende bodenkälte
hilft der eingerollte mantel.
natürlich habe ich angst,
natürlich haben wir fünf sechs angst,
ein feuer zu machen, ein wort zu sagen,
mit einem witz unter männern
über die nächsten minuten zu kommen.
wir fünf sechs leute sind einfach übriggeblieben
in diesem garten unter dieser zypresse.

ich denke, daß die gartenmauer niedrig
und nicht weit ist, sprung auf in die freiheit.
ich denke, noch ist es zeit.
alle denken so, jeder hört
in dieser nacht die gedanken des andern,
das summt wie in den telephondrähten:
mitgefangen, mitgehangen,
fluchtgedanken, angstgedanken.
ich halte mich an meinem messer fest.
aber wer läuft schon weg, mir nichts dir nichts,
nach zwei jahren freundschaft, der teilte mit uns alles.
der teilte sich selber mit uns,
teilte den weg, die freude,
das brot und den wein, den letzten groschen,
das letzte hemd,
teilte das heilende wort mit den krüppeln,
den huren und uns,
der war mehr als bloß solidarisch,
mehr als ein bruder, mehr als ein mensch.
seine güte hängt wie eine kette
an unseren füßen,
die zurückwollen in die normalität,
in die eignen vier wände, zu frau und kindern
vielleicht, sprung auf, zurück in die welt,
wie sie immer gewesen.
ganz klein will ich mich machen, ganz unauffällig.
ich will die welt nicht verändern,
ich will dem kaiser geben, was des kaisers ist.
ich wollte, ich hätte ihn nie gekannt,
den menschen.
das flüstert sich leicht in sie macht,
das schmeichelt sich ein:
ich kenne den menschen nicht.
schneller als dieses flüstern
ist das licht der jäger.
wie katzen sind sie über die mauer gestiegen,
oder vom himmel gefallen, wer weiß.

ich rieche den friedhofsgeruch der zypresse.
mich schmerzt das schnelle licht der taschenlampen,
meine angst geht in die arme, in die beine,
ich schlage zu und ich laufe,
lauf um mein leben, schutzlos, ohne mantel,
weg, bloß weg von diesen menschen,
weg aus seinen augen.
DA VERLIESSEN IHN ALLE UND FLOHEN.
das bin ich.
Ihn habe ich nie mehr
gesehn.

ICH STELLE MIR VOR, ICH BIN DABEIGEWESEN.
ich, ein unbedeutender mensch des zwanzigsten jahrhunderts,
ich, ein kindsvater und gehaltsempfänger,
ich, dessen haut und gewissen eigentlich weiß sind,
ich, der ich mir nur vorstellen will,
ich sei dabeigewesen,
bin immer dabei.

III.
Jesus fragt: Wer bist du, daß du den menschen verrätst?
wer bist du, daß du den menschen fliehst?
hast du am ende dich selber verraten, dich selber geflohn?
wirst du jemals der verschwenderisch
ausgegossenen güte gottes entlaufen?
wohin mit dir, wenn du mir aus den augen gehst?
welche freiheit forderst du ein,
die ich dir nicht längst gewährte?
welchen hoffnungen jagst du nach,
die ich nicht für dich begründet?
Jesus sagt: Es kommt nicht darauf an,
daß ihr gute menschen werdet.
niemand ist gut außer gott.
judas war nicht schlechter als ihr,

schlechte zeiten machen menschen schlecht,
wer sich kennt, kennt auch die andern.
des verratenen bruder bleibt der verräter,
das ist wahr und meine und meines vaters wahrheit.
wer ohne schuld ist, hebe den ersten stein.
niemand ist ohne schuld, was sollen also die steine?
nicht für eure moral und eure weißen gewissen
bin ich gestorben, sondern für euch.
nicht der gute mensch hat die zukunft, sondern der neue.
siehe, ich mache alles neu
auf meinen weg ziehe ich die verräter
und die flüchtigen mit, wirklichkeit wird,
was ihr nur mit worten beteuert: vergebung,
erste liebe, zeit für anfänge.
möglich wird das unmögliche:
keiner verrät den anderen,
keiner verläßt den anderen.

Peter Beier

Allmacht und Ohnmacht (Passionszeit)

Jesus wurde dem Statthalter vorgeführt. Pilatus fragte ihn: Bist du der König der Juden? Jesus antwortete: Du sagst es. Aber als die Hohenpriester und Ältesten Anklage gegen ihn erhoben, gab er keine Antwort. Darauf fragte ihn Pilatus: Hörst du nicht, welche Anklage sie gegen dich erheben?
Doch Jesus entgegnete nicht ein einziges Wort.
Der Statthalter wunderte sich darüber sehr. (Matthäus 27,11–14.)

I.

. . . und sagte kein einziges Wort.
Das Verhör endet schnell. Das Schweigen Jesu steht gegen die Frage der Macht, die alles entscheidet, Leben oder Tod. Fragen sind Fallbeile, Antworten tödlich. Ganz gleich, antworte oder schweige, gehängt wirst du doch.
Es heißt: Wer schweigt, ist ohnmächtig, wer das letzte Wort behält, behält auch die Macht.
Siehe, der Mensch, der ohnmächtige Jesus, der lächerliche Mensch, er hat keine Stimme. Die Macht macht mundtot.
Wir sind alle für Ruhe und Ordnung.
Rom sorgt gründlich für Ruhe und Ordnung. Die Legionsadler bleiben aufgerichtet an den Enden des Reichs, Statthalterschaft, imperialer Glanz, die Leute staunen und schweigen, so wie die Ohnmacht schweigt.
Nur im Kabarett, unter Wanderpredigern und Clowns gibts noch das kleine Gelächter, lizenziert und geduldet, der kleine Hauch von Anarchie wird zugelassen und bringt Devisen.
Wußten Sie nicht, daß beispielsweise Mussolini herzlich lachen konnte – bei den Kinnladen?
Wußten Sie schon, daß selbst Stalin sich eines leisen Lächelns nicht erwehren konnte – beim Tode Trotzkis?

Auch als wir schwiegen, lachten wir noch über Rühmann und Lingen.
Wir sind nach wie vor für Ruhe und Ordnung. Rom sorgt gründlich für Ruhe und Ordnung. Das setzt natürlich voraus, daß man mit öffentlicher Duldung gewisse Typen, gewisse Elemente, wie sie auch heißen, zum Schweigen bringt. Die Pax Romana, das ist Friedhofsfriede. Die Pax Sowjetica, das ist Friedhofsfriede im sozialistischen Schlafrock. Die Pax Americana, das ist überhaupt der ganz kapitale Friede. Dafür bürgen die Legionen, die Divisionen, der NKWD und der CIA.
Das Schweigen ist der lebendigste Ausdruck der Ohnmacht. Jesus teilt die Ohnmacht der kleinen Leute, teilt unsere Ohnmacht. Der Statthalter wundert sich über soviel Dummheit. Dein Schweigen wird zu spät kommen, sagt er sich.
Und überraschend greifen sie zu, auch die Henker haben Gewohnheit. Der Denunziant heißt Nachbar und wohnt nebenan, nachts, entschlossene Schritte auf dem Kiesweg, aufmachen, die Tür eintreten, Durchsuchung mit oder ohne Befehl. Solche Nächte, solche Kieswege gab es in Jerusalem – und es gibt sie in Prag und in Santiago de Chile. Sie holen Jesus überall ein.
Vor oder nach dem Verhör heißt es: Wir werden die Antwort schon aus dir herausprügeln. Die Feindbezeichnungen sind gänzlich austauschbar: Anarchist, Volksfeind, Reaktionär, Christ, Kommunist, Kapitalist, Staatsfeind.
Bist du der Juden König?
Die einzige Antwort Jesu ist keine Antwort, sie wird dem Machthaber überlassen, in den Mund gelegt: Du sagst es – antwortet Jesus. Und danach sprach er kein einziges Wort.

II.

Man trifft sicher unter den angeblich unbeteiligten Zuschauern einige, die Jesus liebhaben, und mehrere Sympathisanten, ebenso ohnmächtige kleine Leute, eine Menge Frauen und wenige junge Männer.
Ihre Schweigsamkeit wirkt angestrengt. Sie denken. Sie denken den einen oder anderen ungeheuerlichen Gedanken.

Dem Mann muß geholfen werden. Da wir dem Mann nicht helfen können, so denken sie wenigstens, soll ein anderer her. Der gedachte Gott wird bemüht. Sie denken sich Gott zurecht, wie sie ihr Leben zurecht denken. Wo bleibt er denn? Wie kann er das zulassen? Ist Gott nicht allmächtig?
Manchmal, wenn den kleinen Leuten in ohnmächtiger Wut das Messer in der Tasche aufgeht, gedenken sie ihres gedachten Gottes. Wir denken Gott und Allmacht zusammen. Und seine Allmacht ist dann ein Abklatsch unseres eigenen Traumes von Macht. Allmacht, das ist Macht in Zehnerpotenz; Gott als Himmelsmaschinist, der große Arrangeur der ausgleichenden Gerechtigkeit, die Himmelslegionen fassen Tritt, die apokalyptischen Reiter reiten, Pilatus wird am hellen Tage vom Blitz erschlagen. Gott spielt seine Allmacht gegen scheinbare menschliche Allmacht aus. »Welch eine Wendung durch Gottes Fügung!«
Aber Jesus schweigt. Und er sagte kein einziges Wort. Nicht einmal mehr ein Wort. Nichts wendet sich also. Die Luft ist angefüllt mit Blei auf dem Marktplatz zu Jerusalem, sie hängt voller böser Erfahrungen. Es sind die Erfahrungen der kleinen Leute, die nichts machen können.
Die Geschichte geht aus, wie sie immer ausgeht. Am Ende wäscht Pilatus seine Hände, waschen die Machthaber ihre Hände in Unschuld, die vom Blut des Gerechten triefen.
Da die Rettung in letzter Minute, der gerechte Schlußakt aus den Wolken ausbleibt, wenden sie sich ab, gedenken nicht mehr ihres gedachten Gottes. Jeder versucht recht und schlecht, mit der eigenen Ohnmacht fertig zu werden.
Gott verdient Gelächter und Schweigen, schweigt er doch selbst. Wir denken: Vor unseren allmächtigen Fragen wird Gott ohnmächtig.
Warum hilft er nicht wenigstens den Kindern?

III.
Nur einer in der Menge begreift.
Er mag Levi heißen oder einen anderen unbedeutenden Namen tragen. Pilatus heißt er gewiß nicht.

Dieser eine sieht Jesus an, hört im Schweigen Jesu die Sprache Gottes. Jesus antwortet schweigend. Er steht für Gott, vergegenwärtigt ihn, damit wir mit Levi erkennen, wer Gott ist.
Dieser da, der Mensch, der ohnmächtige Mensch Jesus ist der Sohn Gottes. Der allmächtige Gott verbündet sich mit der Ohnmacht der Menschen, will nicht allmächtig sein, wie wir ihn allmächtig denken, will nicht mächtig sein, wie wir seine Allmacht träumen.
In der Ohnmacht Jesu kann unsere Frage nach der Allmacht Gottes zur Ruhe kommen.
Das begreift Levi. Und seine Erkenntnis wird ansteckend sein.
Die Verwunderung des Pilatus und seiner Nachfolger hält an.
Ihre Verwunderung ist fortan ihre Krankheit zum Tode.
Gott schweigt und setzt keine Legionen in Marsch.
Gott schweigt und hält die apokalyptischen Reiter zurück. Der urteilende Pilatus inszeniert die Apokalypse selbst – und kommt darin um.
Der allmächtige Mensch erzeugt die Ohnmacht seiner Brüder. Im Schweigen Jesu wird dieser gerichtet.
Die Ohnmacht Jesu ist der fürchterlichste Ausdruck der Allmacht Gottes.
Jesus schweigt und sagt: Fortan bist du verantwortlich.
Du, Pilatus, willst die Macht. Hier hast du sie. Was du sagst, soll gelten. Bis die Ohnmächtigen solidarisch werden mit mir und die Legionsadler von den Zinnen reißen. Dieser Gott hört.
Dieser Gott erhört unsere Bitten. Sein Reich komme.
Der allmächtige Gott ist der Gott der Ohnmächtigen.
Die Ohnmacht Gottes vernichtet die Allmacht des Menschen.
Die Imperien zerbröckeln vor dem schweigenden Jesus zu nichts.
Man wird ihrer im Reiche Gottes nicht gedenken.
Unsere Solidarität kann eine ungeteilte sein, da er solidarisch bleibt mit uns.

Peter Beier

Zwischen Aktion und Passion

I.

die tat ist alles
wer handelt
lebt
die erfolgreiche tat
rechtfertigt
den menschen

jung sein
dynamisch erfolgreich
die zigarettenreklame
das weltverbesserungsprogramm
gibt die bedächtigen langsamen
die zauderer und die leidenden
der lächerlichkeit preis

Tu was tut etwas
tut irgendetwas
aber tut was
nun packen wir an
nun packen wir endlich mal an
da bewegt sich was
das wär ja gelacht
wir handeln
wir sind engagiert
eine aktion jagt die nächste
auch wenn das große warum
das wozu und weswegen
liegenbleibt auf der strecke

sie tun etwas
alle

die familienväter
die spd-mitglieder
die vereinssprecher
nicht zu vergessen
im jahr der frau
die emanzipierten mädchen
die es nicht nötig haben
eigentlich
etwas zu tun
sind engagiert
sozial zumindest

ich setze mich ein
ich hab es schon immer gesagt
ich leiste mir
mein kleines engagement
wie ich mir
die jährliche neckermann reise
leiste
ich kann es mir leisten
etwas zu leisten

gerechtfertigt durch die tat
die aktion
gehn wir staubbedeckt
ruhmbedeckt schulterklopfend
aus unseren taten hervor
der neue mensch kommt in sicht
der bedenkenlos handelnde
der allgemeine macher
der praktiker
die praktische gesellschaft
deren schwachsinn
keine theorie beflügelt
sie werden alles machen
eines tages
jung sein genügt schon

dynamisch erfolgreich
aktiv
c'est la vie

was macht da die kirche
unter den machern
was macht der christ
er steht in der ecke
zuweilen verschämt
indessen die neunmalklugen
mit fingern zeigen
und sagen
seht
er hat gar nichts gemacht
nichts zuwege gebracht
der frühling kommt nicht früher
die verbesserung mitteleuropas
läßt auf sich warten
homo homini lupus
der mensch dem menschen ein wolf
nichts verändert
in zweitausend jahren
nichts hat er gemacht
der christ
er kriegt sein fleißkärtchen
nicht von der welt

war jesus nicht mehr als ein macher

Da aber Pilatus das hörte
fragte er ob der Mensch aus Galiläa wäre
und als er vernahm daß er unter des Herodes
Obrigkeit gehörte sandte er ihn zu Herodes
welcher in den Tagen auch zu Jerusalem war
da aber Herodes Jesus sah ward er sehr froh
denn er hätte ihn längst gerne gesehen
denn er hatte von ihm gehört und hoffte

er würde ein Zeichen von ihm sehen
und er fragte mancherlei
er aber antwortete ihm nichts
die Hohenpriester aber und Schriftgelehrten
standen dabei und verklagten ihn hart
aber Herodes mit seinem Hofgesinde verachtete
und verspottete ihn legte ihm ein weißes Kleid an
und sandte ihn wieder zu Pilatus
auf den Tag wurden Pilatus und Herodes Freunde miteinander
denn zuvor waren sie einander Feind

jesus gerät in die mache der macher
die machthaber schieben ihn
hin und her
zwischen den spießen der legionäre
und den zehnmalreichen aristokraten
er dessen wort
die tat augenblicklich erzeugte
er dessen tat
die wahrheit unvermittelt gebar
er der unentwegt handelnde
steht da
handlungsunfähig
gefangen gefoltert verspottet
steht bereit zur passion
zieht kein schwert
aktiviert keine massen
bringt niemanden mehr auf die beine

herodes der obermacher
lauert auf seine aktion
undenkbar
daß der nichts tut
der berühmte galiläer
undenkbar
daß der schweigt

der wundertäter
der erfolggewohnte herodes
fragt ihn mancherlei
begehrt zu sehen
ein zeichen vom himmel vielleicht
die streitmacht gottes
das heer der engel
das göttliche donner und doria
bitte schön ein kleines wunder nur
den taschenspielertrick der selbstbefreiung
die große verteidigungsrede
den hinweis auf die verdienste
oder doch wenigstens ein wort
ein kleines wort
ein goldenes wort
zum mitnehmen
den heroischen spruch
vor der hinrichtung
dem senken des vorhangs
mehr licht
oder so

er aber antwortete ihm nichts
so antwortet jesus
unter verzicht
auf die selbstrechtfertigende tat
das selbstrechtfertigende wort

merkt und versteht
freilich handelt der christ
freilich handelt die kirche
nie aber handeln sie
bedenkenlos
ohne woher und wohin

nennt die dämonen
beim namen

nehmt den politischen streit
um mehr gerechtigkeit
mehr humanität
auf eure gewissen
in eure hände
widersteht der versuchung
zu sagen
wir können nichts machen
christen sind dort
wo andere nicht sind
nicht sein wollen
nicht sein können
freilich handelt der christ
aber die tat nimmt
ihren anfang
im schweigen jesu

wie der schweigende
die antwort weigernde jesus
aufbricht nach golgatha
zu alles entscheidender tat
so kann sich die kirche
erheben
bereit zur passion
die sein wird
zeugnis
alles entscheidende tat
heute schon
oder morgen

II.

heimkehr abkehr stille
stillehalten
eine mauer um uns baue
oder

das kinderparadies
hinterm pallisadenzaun
das traumhafte privatreservat
dort
finden nahkämpfe
nicht statt
was immer bergung verspricht
zieht an
zieht die sehnsucht
der menschen an
nach dem großen reisewagen
dem wohligen versinken
in weichen polstern
dem maßlosen vertrauen darauf
daß der kutscher
wegekundig
ankunft garantiert
laß die vorhänge herab
am abend
die außenwelt wirft
keine schatten
ich schrumpfe ein
eine mauer um uns baue
singt das fromme mütterlein

das ist die attraktion
am christentum
innerlichkeit
nur keinen streit
nur nicht das schwert
keine einmischung in politische
händel
die stillen im lande
falten die hände
wenn anderen unrecht geschieht
stecken den kopf
in den psalter

den sand der frommen
während die straßenschlacht
tobt

mach frieden
mit deinem gott
ob er nicht auch
der gott der anderen ist
was kümmerts dich

feine weiße hände
feine weiße gewissen
sind die verheißenen preise
für das schweigen
für das verschweigen
das ducken wegsehn gehorchen

grübelnde kirche
die kein wässerchen trübt
mystische gottesverehrung
ohne hand anzulegen
an die dinge der welt
auf daß alles sei
wie es schon immer
gewesen
genau das
kommt den herren zupaß
die die herren
bleiben wollen
und der welt
die uns sagt
nur kein aufsehn
keine bewegung

der leidende christus spricht:
Ihr sollt nicht wähnen
daß ich gekommen sei

Frieden zu bringen auf die Erde
ich bin nicht gekommen
Frieden zu bringen
sondern das Schwert (Mt. 10,34)

Kauft schwerter ihr leute
tauscht zur not
euren mantel
gegen ein schwert
ihr werdet es brauchen
unvermeidlich wird sein
der streit
denn ihr könnt nicht
gott dienen
und dem mammon
nicht sollt ihr heiligen
das verhältnis von herr und knecht
ihr dürft nicht dulden
die verdummung der armen
den hochmut der herrschenden
den blutdurst der tyrannen
streit und kampf
die aktion der christen
die aktion der kirche
gehören zur tagesordnung
der welt
die verändert sein will
nach dem willen gottes

dunkel färben sich ein
die wolken am horizonte
und noch vor dem morgen
wird der krähende hahn
die verräter melden
und abermals krähte der hahn
abermals kirche
noch vor dem morgen

wird man dich fragen
was hast du getan
wo bist du gewesen
als selbst die steine schrien

der innerlichkeit
ist der garaus gemacht
im worte jesu
gott baut keine mauern
um fromme besitztümer
die stille unserer frömmigkeit
wird kein alibi sein
für nutzlos verstrichene zeit
und die angst vor bewegung

farbe bekennen christ und kirche
wehren sich nicht der eigenen haut
legen sich aber ins zeug
für die haut der anderen
so soll es sein
so müßte es sein
so wird es sein

kauft schwerter ihr leute
und schreibt auf die klingen
glaube hoffnung und liebe
in jesu namen
haltet gegen den aberglauben
daß nichts sich verändert
den glauben an den lebendigen
lebenschaffenden gott
haltet gegen den tod
gegen die friedhofsruhe
die hoffnung
daß gott gerechtigkeit schafft
den lebenden und den toten
haltet gegen den haß

die liebe
die liebe gottes zum menschen
haltet das schwert
gegen die stunde der zeit
und man wird mit euch streiten

merkt und versteht
freilich haben
christ und kirche
ein recht auf stille
auf schweigen
das sich besinnt
freilich verlieren christen
sich nie in blinder aktion
aber die wahre stille
gelangt in der tat
zum ziel
christus leidet
weil er die stelle
des leidenden menschen vertritt
also stehen
christ und kirche mit ihm
zwischen aktion und passion
bereit zu beidem
zu tat und leiden

Peter Beier

1525–1975: Reformation und Bauernkrieg
Eine Meditation
im Reformationsgottesdienst
für Vergessene und gegen das Vergessen

Tonband:	Eine feste Burg ist unser Gott (Instrumentalsatz).
Prediger:	Christus spricht: Was ihr getan habt einem unter diesen meinen geringsten Brüdern, das habt ihr mir getan. Und er sagt auch: Ich bin gekommen, ein Feuer auf Erden anzuzünden, und ich wollte, es brennte schon.
Gemeinde:	Ehr sei dem Vater und dem Sohn und dem Heiligen Geist.
Prediger:	1525–1975. Das ist ein Abstand von 450 Jahren. Unser christliches Gedächtnis ist kurz, schwach unsere Erinnerung. Von Luther wissen wir viel, von den Unterdrückten, im Kampf ums Überleben gemordeten Bauern wissen wir nichts. Wir wissen wenig von den Verhältnissen damals, von den Verhältnissen heute, voneinander. Leibeigen sind wir nicht mehr wie weiland die Bauern, aber angstbesessen, in Angst um unsere Kinder und Enkel, um die Zukunft des Volkes. Denn die Großen der Erde sind nicht kleiner geworden

in 450 Jahren,
Wolf bleibt Wolf.
Die Leibeigenschaft ging auf
in der Ohnmacht des Volkes.
Wer zahlte die Zeche von 14/18? – Das Volk!
Wen betrog man um Arbeit und Brot? – Das Volk!
Wen belogen die Nazis? – Das Volk!
Wer hielt am Ende die Knochen hin? – Das Volk!
Wer baute auf Trümmern auf? – Das Volk!
Wer marschierte am siebzehnten Juni? – Das Volk!
Wer wird die kommende Zeche zahlen? – Das Volk!
Wer sind wir? – Das Volk!
Und wer waren die Bauern damals?

Lasset uns beten: Vater unseres Bruders Jesus. / Daß wir so wenig wissen / von den Verhältnissen damals, / von den Verhältnissen heute, / voneinander, / ist unsere Schuld. / Wir vergessen, du aber erinnerst. / Dein Heiliger Geist schafft Gleichzeitigkeit / mit allen Menschen. / Was gestern war, wird morgen sein, / und was morgen ist, gilt heute vor dir. / Erbarme dich unserer Vergeßlichkeit, / der Unfähigkeit, uns zu erinnern, / deinem Wort zu vertrauen, / das helle Licht der Vernunft / zu gebrauchen. / Erbarme dich deines Volkes.

Gemeinde: Herre Gott, erbarme dich.
Lied 207,1–3.7.

Prediger: Und wer waren die Bauern damals?
Johannes Aubanus, ein Chronist, beschreibt sie so:

Tonband: »Ihre Lage ist bedauernswert und hart. Sie wohnen abgesondert voneinander demütig mit ihren Angehörigen und ihrem Viehstand. Die Hütten bestehen aus Lehm und Holz, ragen wenig über die Erde empor, sind mit Stroh gedeckt, das sind ihre Häuser. Geringes Brot, Haferbrei, gekochtes Gemüse ist ihre Speise; Wasser und Molken ihr Getränk; ein leinener Rock, ein Paar Stiefel, ein brauner Hut ist ihre Kleidung. Das Volk ist jederzeit ohne Ruhe, arbeitsam, unsauber . . . Es gibt nichts, was dieses sklavische und elende Volk seinen Herren nicht schuldig sein soll, nichts, was es, sobald es befohlen wird, ohne Gefahr zu tun verweigert. Der Schuldige wird streng bestraft.« (Gekürzter Text.)

Prediger: Der Adel, die Großbürger in den Städten und vor allem die Kirche beuten die Bauern – das waren damals vier Fünftel der Gesamtbevölkerung – schamlos aus. In Süddeutschland werden die meisten Bauern in Leibeigenschaft gehalten. Die Herren schalten mit Gut und Person des Bauern willkürlich. Ein Viertel der Ernte gehörte dem Herrn. Ein Zehntel des Getreides fiel als großer Zehnt an die Kirche. Hinzu kamen: der kleine Zehnt von Obst, Gemüse und Vieh, die Kriegssteuer, die Landessteuer, der Peterspfennig, Klauengeld und Viehsteuer, Eier, Käse und Fleisch als Küchenzins, Kreuzzugsgelder, Fron- und Waffendienst, Hand- und Spanndienste. Die Fischerei und die Jagd gehörten dem Herrn.

Der Adel singt:

Erwisch ihn bei dem Kragen,
erfreu das Herze dein,
nimm ihm, was er habe,
Spann aus die Pferde sein.
Sei frisch und unverzagt,
wenn er nur einen Pfennig hat,
reiß ihm die Gurgel ab!

Tonband: Adelslied.

Prediger: Da steht die Kirche nicht zurück. Erzbischöfe und Erzabteien verhalten sich schlimmer als weltliche Herren.
Der Nürnberger Liedermacher Hans Sachs schreibt:

Tonband: »Man muß Geld geben vor dem Taufen,
die Firmung muß man von ihn kaufen,
zu beichten muß man geben Geld,
die Mess man auch um Geld bestellt,
das Sakrament muß man ihn zahlen,
hat man Hochzeit, man geiht ihn allen,
stirbt eins, um Geld sie es besingen.
Wers nit will tun, den tun sie zwingen.
Man sollte seinen Rock verkaufen.
Also sie uns die Woll ausraufen . . .«

Prediger: Wer sich nicht beugt, wird gestraft. Die peinliche Halsge-

richtsordnung des Kaisers Karl sieht Strafen grauenhafter Art vor. Die Strafen werden rücksichtslos verhängt:
Ohren abschneiden,
Augen ausstechen,
abhacken der Finger und Hände,
rädern, hängen, verbrennen,
köpfen und vierteilen.

Tonband: Es geht ein dunkel Wolk herein (zeitgenössischer Liedsatz).

Prediger: Das waren die Bauern damals.
Und wer sind die Bauern heute?
Die Welt dreht sich weiter,
aber sie dreht sich nicht zum Bessern.
Ein Wolf bleibt der Mensch dem Menschen,
sein Schinder, Schaber und Henker.
Es gibt keinen Fortschritt
in der Methode der Folter.

Am Hungeräquator siedeln die Bauern
von heute.
Zwei Drittel der Menschheit hungern,
sie säen, aber sie ernten nicht,
gekauft wird die Ernte von uns,
zu Preisen, die wir diktieren,
wie weiland die Fugger und Welser.
Bis an die Zähne bewaffnet,
halten wir Lebensstandard und Luxus,
hoch die Zivilisation
auf Kosten der hungernden Bauern,
der Analphabeten, der Parias.
Kein merklicher Unterschied mehr
zwischen Ost und West,
hüben wie drüben
die Egoisten von gestern.

Der Eiserne Vorhang trennt nicht
die Interessen der Weißen.
Blick einem chilenischen

Salpeter-Arbeiter ins Auge,
frag einen südafrikanischen Schwarzen
nach seinem Glauben,
flieg eine Flugstunde weit
nach Palermo,
um mitten in Europa
Kinder ohne Zukunft zu treffen.
Frage vielleicht auch
deinen arbeitslosen Nachbarn
nach seinen Rechten,
die er verlor.
Auch das eigene Land hat Bauern genug.

Unsere Entwicklungsgroschen,
unsere Sozialabgaben
werden sein
wie die Silberlinge des Judas
vor dem Evangelium und seiner Gerechtigkeit.
Einst wird kommen der Tag,
der Tag des Südens
gegen den Norden der Welt,
weh unseren Enkeln,
wenn sich nichts ändert,
wenn wir uns nicht ändern,
wenn unser Bewußtsein nicht umschlägt
in Energie,
in Solidarität mit dem Volk
allenthalben und hierzulande.
Die Völker haben
nichts zu verlieren
als ihre Ketten
der alten Bedrückung.

Prediger: Hört, was geschrieben steht bei Jakobus im fünften Kapitel: Wohlan nun, ihr Reichen, weinet und heulet über euer Elend, das über euch kommen wird. Euer Reichtum ist verfault, eure Kleider sind mottenfräßig geworden. Euer Gold und Silber ist verrostet, und sein Rost wird euch zum Zeugnis sein und wird euer Fleisch fressen wie ein Feuer. Ihr habt euch Schätze gesammelt in den letzten Tagen. Siehe, der Arbeiter Lohn, die euer Land eingeerntet haben, der von euch abgebrochen ist, der schreit, und das Rufen der Ernter ist gekommen vor die Ohren des Herrn Zebaoth. Ihr habt wohlgelebt auf Erden und eure Wollust gehabt und euere Herzen geweidet am Schlachttag. Ihr habt verurteilt den Gerechten und getötet, und er hat euch nicht widerstanden.

Und hört auch, was geschrieben steht, dem Volk zum Trost, im letzten Buch der Bibel im 21. Kapitel:

Siehe da, die Hütte Gottes bei den Menschen. Und er wird bei ihnen wohnen, und sie werden sein Volk sein, und er selbst, Gott, wird ihr Gott sein. Und Gott wird abwischen alle Tränen von ihren Augen.

Des Herrn Wort ist unseres Fußes Leuchte und das Licht auf unserem Wege.

Gemeinde: Halleluja.

Lied 218,1–3.

Prediger: Wir wollen dem Evangelium dienen und der Gerechtigkeit beiständig sein!

Das war die Losung der Bauern von 1525.

Sie nahmen das Evangelium und sich selbst beim Wort. Gegen Adel und Pfaffen, ihre Bedrücker und Quäler, stehen sie auf. Sie fordern ihre alten Rechte zurück. Die Forderungen sind gemäßigt. Sie verhandeln.

Aber bald zwingt man sie, der Gewalt von oben die Gewalt von unten entgegenzusetzen. Im ganzen süddeutschen Raum erhebt sich der Bauer gegen den Herrn. Sie singen ein altes Lied, das schon einmal von ihresgleichen gesungen wurde, das Lied vom armen Kunrad:

Ich bin der arme Kunrad,
trag Pech auf meiner Pfann.
Jetzt gehts mit Spieß und Morgenstern
gegn Pfaff und Edelmann.

Tonband: Lied vom armen Kunrad.

Prediger: Die Herren rüsten. Georg Truchseß von Waldburg gelingt es, mit den Truppen des Schwäbischen Bundes eine Solidarisierung der verschiedenen Bauernheere und einen gemeinsamen Operationsplan zu verhindern. Einzeln und nacheinander werden die Bauernhaufen vernichtet. Das Blutbad ist entsetzlich. Insgesamt hunderttausend Bauern werden in einzelnen Treffen umgebracht oder nachträglich ermordet. Bürokratisch machen die Scharfrichter ihre Rechnungen auf. Hier ein Beispiel:

Tonband: Meister Augustin, des Markgrafen Nachrichter, beweist, daß er allenthalben in diesem Zuge 80 enthauptet hat, nämlich: einen zu Neuenhof, einen zu Erbach, zehn zu Ipsheim, drei zu Ansbach, sechs zu Leutershausen, neun zu Kitzingen, zwei zu Höchstadt, achtzehn zu Neustadt, fünfundzwanzig zu Rothenburg o.T., vier zu Crailsheim, einen zu Feuchtwangen. Summa achtzig enthauptet.

Sieben zu Leutershausen die Finger abgeschnitten, zweiundsechzig zu Kitzingen die Augen ausgestochen.

Es ist ihm versprochen worden: für jeden, den er mit dem Schwert richtet, einen Gulden und für jeden, dem er die Finger abgeschlagen und die Augen ausgestochen, einen halben Gulden.

Das macht in Summa: 114 Gulden.

Prediger: Das Elend ist unvorstellbar. Ganze Landstriche im Süden sind verwüstet. Die Opfer, die Kindern und Frauen zugemutet werden, hat niemand gezählt.

Die Fürsten siegen so umfassend, daß für die kommenden dreihundert Jahre Deutschland in Kleinstaaterei und Despotismus verfällt.

Der geschlagene Bauer sagt:

Tonband: Da liegen wir mit gebrochenem Blick,
die Spieß uns treu zur Seite.
Der Herrgott geb uns die Fahn zurück,
die wir verloren im Streite.
Da liegen wir
trotz Sakrament und Kreuz
auf blutger Walstatt danieder.
Den einen freuts, den andern reuts,
doch keiner reget sich wieder.

Heut trinken wir den letzten Wein
und würfeln zum letzten Male.
Wir wolln die verlorene Rotte sein
und harren der Sturmsignale.
Dann singen wir wieder das Bummerleinbumm,
die Fahnen heben sich wieder.
Das ist trotz aller Pfaffen Gebrumm
Gott und dem Bauern lieber.

Prediger: Die Bauern sind tot,
tot auch die Reformation
als Sache des Volkes.
Die Fürsten nehmen sich ihrer an.
Sie ist nicht in besten Händen.
Unser Luther,
der große Reformator,
der große Übersetzer,
der große Pädagoge,
der ehrliche Mensch,
die tapfere Haut,
kannte das Elend der Elenden –
und fand doch keinen Reim
auf das Elend der Bauern.
Für diesmal waren seine Angst
und seine Politik stärker
als sein Glaube.
Er, der arme Knecht Gottes,
versagt,
wie nur die Knechte Gottes
versagen,
und schreibt das Buch
von Mord und Totschlag
wider die räuberischen und mörderischen
Rotten der Bauern,
wider den armen Mann,
für die Fürsten:
Man soll sie zerschmeißen,
würgen und stechen,

heimlich und öffentlich,
wer da kann,
wie man totschlagen muß
einen tollen Hund.
Das hörten die Fürsten gern,
und die Bauern hörten es auch.
Doktor Martinus Luther,
Mönch zu Erfurt,
Prediger und Professor zu Wittenberg,
ein Freund des Volkes,
ein Freund der Fürsten,
oder beides zugleich,
ein Freund des lieben Gottes.
Man muß beten
für den armen Luther,
den Knecht Gottes,
der irrte und schuldig wurde
am Blut des Volkes.

Seither sitzt der Schreck
in den Konsistorien.
Ordnung muß sein,
Aufruhr taugt nicht,
Gewalt steht allein
der Obrigkeit zu.
Der geringe Mann
hat keine Gewalt.
Seid untertan,
wer immer Gehorsam fordert.

Nein.

Die Theologie unsrer Kirche
ist offen,
offen für die offene Frage
nach Gewalt und Gegengewalt,
für kritische Unbotmäßigkeit

und, wenn es sein muß,
für den Widerstand.
Schrift und Bekenntnis sagen,
daß wir niemand zum Herrn haben
als Christus selbst.
Das geht gegen alle,
die sich aufwerfen zu Herren
über die Menschlichkeit des Menschen.
Laut wollen die Lieder
der Reformation gesungen sein
von uns
gegen die Apparate, gegen die Egoisten,
gegen uns selbst.
Wir wollen Luther besser verstehen,
als er sich selbst verstand.
Wir wollen den ganzen Christus
und nicht den halben,
wie wir den ganzen Menschen wollen.
Wir wollen
das Evangelium *und* die Gerechtigkeit
zusammenhalten
wie weiland unsre bäurischen Brüder.
Wer trennt,
trennt sich von uns.
Wer trennt,
trennt sich vom Volk.
Das helfe uns Gott. Amen.

Gemeinde: Lied 201,1–2.

Vater unser / Segen.

Peter Beier

Ein Geschenk ist ein Geschenk (Weihnachten)

Musik

A: **Was soll's mit den Geschenken?**
Irgendwas stimmt immer nicht
mit ihnen
Entweder sind sie zu billig
oder zu teuer
und kein rechter Ausgleich
für das vorausgegangene Geschenk
Entweder sind sie zu geschmacklos
oder zu geschmackvoll
und eine Beleidigung
für das vorausgegangene Geschenk
Entweder sind sie zu gleichgültig
oder zu ehrlich
und eine Herausforderung
für das vorausgegangene Geschenk
Und sind sie gleichwertig
Bilden sie ein Patt
Sind sie langweilig
Wie man auch schenkt
man ver-schenkt sich

B: **Robert Gernhardt, Weihnachten**
Ich bin Erika.
Jetzt kommt Weihnachten.
Ich schenke Vati ein Tischfeuerzeug zu 22,50 DM.
Vati schenkt Michael Tennisschläger zu 22 DM.
Michael schenkt Mutti eine Schälmaschine zu 19,70 DM.
Mutti schenkt mir Schallplatten im Wert von 18 DM.
4,50 DM muß ich noch bekommen.
Von wem?

Ich bin so gespannt auf Weihnachten.

(Aus: Stille Nacht allerseits. Ein garstiges Allerlei. Herausgegeben von Uwe Wandrey. rororo Taschenbuch 1561. Reinbek 1972.)

C: **Winfried Thomsen, Himmlische Weihe**
Als der liebe Gott den Kaufmann geschaffen hatte, fragte er ihn nach seinen Wünschen. »Ich wünsche mir«, war die Antwort, »ein schönes Geschäft, in dem ich schöne Geschäfte machen kann, und jedes Jahr ein Fest, an dem ich besonders gute Geschäfte machen kann.«
Da schuf Gott das Weihnachtsfest.
Da bat ihn der Kaufmann, das Geschäft einzuweihen. Und Gott wandelte durch den Laden und freute sich über die vielen Angebote und Sonderangebote. Schließlich nahm er sich ein Marzipanschwein und aß es. »Sehr gut«, lobte er, »noch einen Wunsch?«
»2,35 DM!« sagte der Kaufmann.

(Aus: Stille Nacht allerseits.)

Musik

A: **Geschenke**
sollen nicht
aus dem Paradies
hinausprügeln
sondern
seine Grenzsteine sein
B: Immer
wenn ich höre
Mache aus dieser Mücke
meines Geschenkes bitte
keinen Elefanten
bin ich geneigt
zu sagen
Eine Mücke sticht

und ein Elefant
hat ein langes Gedächtnis
C: Ich bin wehrlos
als Schenkender
Sei wehrlos als Beschenkter
Der Freude wegen
Mein Geschenk ist
kein Angriff
Laß deines
keine Gegenoffensive sein
Beschenke mich nur
als Wehrloser
und nie
aus einem Schützenloch heraus

Musik

A: **Erst ist das Geschenk**
Dann das Lachen
die Umarmung
der Kuß
das Danke
ist es umgekehrt
Ist Weihnachten
B: Es ist Zeit
Räumt den Geschenkrummel
auf den Jahrmarkt
und holt den Jahrmarkt
in die Wohnzimmer
Es läßt sich lernen
von den Schießbuden
und von dem kraftstrotzenden
Haut den Lukas
Geschenke
lassen sich nicht
erschießen und erschlagen
Geht zu der Zuckerwaffelbude

Drückt euch
das klebrige Zeug in die Hand
und verklebt!

Musik

C: Ich bekam ein Buch
von einem Freund
ein wichtiges Buch
für mich
Er hat lange überlegt
mich überdacht
und unsere gemeinsame Zeit
Er hat lange gesucht
immer mit dem Gedanken
an mich
und unsere gemeinsame Zeit
Er hat etwas gefunden
was mich
und unsere gemeinsame Zeit
gebunden zeigt
schwarz auf weiß
Er war glücklich
lachte schon beim Schenken
sah mir strahlend
beim Auspacken zu
Ich packte ihn aus
und seine Gedanken
an mich
und unsere gemeinsame Zeit
Doch meine Freude verkohlte
in jenem Feuerzeug
echt Silber zwar
das ich ihm schenken wollte
als mir einfiel
daß er nicht mehr rauchte
seit dem Ersten Advent

Freunde
und Freude
trennt nur ein Buchstabe

Musik

A: **Er saß da**
drehte sein Geschenk
mühsam in den Händen
sah es an
wie einen Ziegelstein
zu einem Haus
rieb an dem Geschenkpapier
als wäre es der Stoff
seiner besten Hose
zupfte zaghaft
an den Verschnürungsbändern
wie an den Ohrläppchen
seines Enkelkindes
Legte es schließlich auf den Tisch zurück
sah sich selbst nach
als er es losließ
und sagte:
Ich packe es nicht aus
Ihr habt mir etwas geschenkt
Das genügt!

Musik

B: **Ein Freund**
Sein Vorname ist wichtig
Es könnte Ihrer sein
erzählte mir
er habe eben
ein tolles Geschenk
erlebt
Er sei einfach

rübergegangen
zu jenem Nachbarn
der vor Jahresfrist
ihm die Meinung
über eine Meinungsverschiedenheit
gesagt habe
Damals hätten sie
gegenüberliegende Türen
zugeschleudert
Heute
erzählt er
seien die Türen
sanft eingeklinkt worden
Nur so
Ohne Nachdruck
Ein Klingeldruck genügte
und die Sicherheitskette
würde ausgehakt
und zwei
stünden sich
einladend gegenüber
Jederzeit
sagte der Freund
dessen Vorname wichtig ist
würde er eintreten dürfen
ohne Fußeabtreten

Musik

C: **Wenn Kinder**
nicht Danke sagen
sieht man ihnen
den Dank manchmal nach
Wenn Erwachsene
nicht Danke sagen
sieht man ihnen
wenn sie Weihnachtsglück haben

den Undank nach
Manchmal bin ich dankbar
wenn sich ein
von mir Beschenkter
nicht bedankt
sondern verlegen grinst
an seinen Schweißperlen herumfingert
an der Nase sinnlos zieht
seine Frisur umsortiert
seinen Mund hinter Worten
herzucken läßt
seine Augen
um mich herumwandern
als wäre ich der Bergpredigtberg
Wenn er so aussieht
wie mein Geschenk
Dafür
Danke!

Musik

A: **Mein Gott**
Du lächelst an diesem
Weihnachtsabend
unser Lächeln wandert immer noch
von einem Mundwinkel zum anderen
Du hast allen Grund
zu lachen
Für dich ist
der Heilige Abend gelaufen
Dein Geschenk
ist bei uns gut angekommen
und räkelt sich
in einer kleingestrickten Ortschaft
auf Heu und auf Stroh
das sticht
Doch dieser Hafer

sticht uns vielleicht
heute abend nicht
Wir sitzen über Eingepacktem
Müssen auspacken
Sehen die
die von uns
etwas auspacken
Wir kennen die Reaktion
auf unsere Geschenke noch nicht
Unser Geschenkpapier
sieht nicht nach Windeln aus
Geht es gut mit der Freude
ist dein Abend gelaufen
Und anders sitzen wir da
mit deinem Bündel Sohn
und jenem Lächeln
das sich langsam
in das Mundinnere verkriecht
Und hoffen nur
daß er nicht schreit
dein windeliges Geschenkpaket
über unseren Geschenken
mit denen wir doch
Staat machen wollten

Musik

B: **Der Psalm keines Weihnachtsmannes**
Vater
Sie sagen
Heute ist das Fest der Liebe
Wohin
soll ich lieben
Woher
soll ich geliebt werden
Meine Lieben
habe ich alle überlebt

oder umgekehrt
Mein Sohn ist für mich im Ausland
Er wohnt in Lüneburg
Meine Tochter
nicht länger mit mir verwandt
Sie ist verheiratet
Und meine Enkel sagen
Opa, erzähl eine Geschichte
Nie: Erzähl etwas von dir
Unsere geschickten Geschenke
sind keine Geschenke
sondern Postwurfsendungen
weil wir uns nicht mehr kennen
Heute also
ist das Fest der Liebe
Dein Sohn, Gott
ist zu mir gekommen
Doch meine Kinder wären mir lieber
Ich mache aus diesem Fest nun
einen Heldengedenktag
für meine verstorbene Frau
Denn sie hat mich
glaube ich
geliebt

Musik

C: **Können Sie sich Weihnachten beschenken lassen?**
Es ist eigentlich ganz einfach.
Stellen Sie sich vor, Sie hätten Weihnachten Geburtstag.
Und eigentlich haben Sie es ja auch.
Wenn Sie es gelernt haben,
Geschenke anzunehmen,
und Danke sagen zu können,
ohne gleichzeitig daran zu denken
welches Geschenk Sie eigentlich
hätten zurückwerfen müssen,

während Ihr schlechtes Gewissen das Geschenk an Sie
wie einen schimmeligen Brotkanten aussehen läßt,
wenn Sie Geschenke wie Liebeserklärungen
begreifen können,
ohne sich gleich in die Enge getrieben zu sehen,
dann, glaube ich, wissen Sie recht genau
die Adresse,
bei der das Paket des lieben Gottes
abgegeben wird.
Es wird Ihre Anschrift sein.

(Aus: Ein Tag wie kein anderer. Herausgegeben von W. Seehaber. Furche Verlag, Hamburg 1973.)

Ein Tag wie kein anderer

Ein Tag wie kein anderer,
das ist ein Tag,
an dem ich immer weiß,
wie es morgen weitergeht,
der mir sagt,
daß ich recht gehabt habe
mit dem, was ich heute getan habe,
weil ich daran glaubte.

Ein Tag wie kein anderer,
das ist ein Tag,
an dem ich beschenkt werde wie einer,
der einmalig ist,
und dem dieses Geschenk sagen soll,
daß ich so gern gesehen werde
wie das Spiegelbild dessen,
der mich beschenkt hat.

Ein Tag wie kein anderer,
das ist ein Tag,
an dem das Verständnis mit mir spazierengeht
und mir alle diejenigen zeigt,

die nicht verstanden werden,
und mir alles das vorsagt,
was ich dann zärtlich weitersage.

Ein Tag wie kein anderer,
das ist ein Tag,
an dem meine großen Worte ehrlich sind,
an dem ich mutig bin
und Menschen sage,
daß sie mich in ihr Leben einplanen dürfen,
wenn sie mich als Guthaben gebrauchen können.

Ein Tag wie kein anderer,
das ist ein Tag,
an dem ich sehr verletzlich bin,
weil ich es wage,
mich zu verschenken
ohne irgendeine Sicherheit,
an dem ich mich aufs Spiel setze
und weiß,
daß ich nicht verspielt werde.

(Aus: Ein Tag wie kein anderer.)

Musik

Wolfgang Seehaber

Etwas Unruhe bitte

Musik

Eröffnung

A: Es ist ruhig geworden im Volke Gottes.
B: Die Marschtritte klingen träge
unter der Last vieler langer Weilen.
C: Die Gebete zirpen dünn
und ihre Kraft reicht nicht mehr
über die Grabhügel hinaus.
A: Die Lieder summen müde
im Altweibersommer der Auserwählten.
B: Die Gnade schaut in einen matten Spiegel
mit dem vergeßlichen Lächeln
einer Diva von gestern.
C: Die Hoffnung ringt
hinter Sofakissen mit Kniff
nach unverbrauchter Luft.
A: Der Abendhimmel hängt tief
über dem Volke Gottes,
und der Stern von Bethlehem
leuchtet geflissentlich wie eine Verkehrsampel
rot.
B: Es ist ruhig geworden.
Aber vor einer kurzen Weile noch
sagte Jesus:
Ich bin gekommen,
um meine Freunde auf Wanderschaft zu schicken,
als glücklich stotternde Vertreter
mit schmerzenden Füßen in jeder Tür.
C: Ich bin gekommen,
sagte er,
um wilden Kindern

das gute Spiel der Hoffnungen
hellwach vorzuleben.

A: Wie Sauerteig sollten wir sein
oder wie Salz,
sagte er,
und bitter kräftig schmecken,

B: und nicht Zuckerguß werden
über einer scharfgewürzten Wirklichkeit,

C: eine fade Nachspeise!

A: Gerade gestern
grollte Hermann Hesse:
Jeder echte Protestant
wehrt sich
gegen die eigene Kriche,
weil sein Wesen
ihn das Werden mehr bejahen läßt
als das Sein.

Musik

B: **Jacques Prévert, Familienbild**
Die Mutter macht Strickarbeit
Der Sohn macht Krieg
Sie findet das ganz in Ordnung die Mutter
Und der Vater was macht der Vater?
Er macht Geschäfte
Seine Frau macht Strickarbeit
Sein Sohn Krieg
Er Geschäfte
Er findet das ganz in der Ordnung der Vater
Und der Sohn und der Sohn
Was findet der Sohn?
Er findet nichts absolut nichts der Sohn
Seine Mutter macht Strickarbeit sein Vater Geschäfte er Krieg
Wenn der Krieg zu Ende ist
Wird er Geschäfte machen wie sein Vater
Der Krieg geht weiter die Mutter macht weiter Strickarbeit

Der Vater macht weiter er macht Geschäfte
Der Sohn fällt und macht nicht weiter
Der Vater und die Mutter gehen zum Friedhof
Sie finden das ganz in der Ordnung der Vater und die Mutter
Das Leben geht weiter das Leben samt Strickarbeit und Geschäften
Geschäften Krieg Strickarbeit Krieg
Geschäften Geschäften Geschäftigkeit
Das Leben samt Friedhof

(Aus: Prévert, Gedichte und Chansons, RP 7. © Rowohlt Taschenbuch Verlag GmbH, Reinbek bei Hamburg 1962.)

Musik

C: **Abgesang eines lebendig Begrabenen**
Mein Gott,
sie haben mich eingegraben
ohne mein Leben zu spüren.
Sie haben mich mit Gleichgültigkeit abgeschüttelt,
als hätten sie ein unliebsames Buch
mit Heldensagen eingewühlt.
Zu dir gebetet haben sie für mich mit Floskeln,
in die sie mich auch schon beim Treuejubiläum
abfällig verpackt haben.
Mein Gott,
sie haben mich verschüttet.
Sie schaufelten mir ein korrektes Grab
und paßten mich sauber hinein.
Nun gehen sie fort
von mir, einer Ruhestätte.
Keine Kränze drängeln sich über mir
um den besten Platz,
denn ich habe mir Geld erbeten
für den Wiederaufbau des Staatsarchivs.
Und ich liege hier auf dem gesäumten Kissen
und überlege,

warum ich eigentlich tot sein soll,
obwohl mein Körper gut abgestimmt funktioniert.
Und meine Gedanken,
die sonst so ebenmäßig aufgefädelt waren
wie die Perlen einer Rechenmaschine,
fallen verschreckt übereinander her.
Ich war immer da als einer, der wußte,
auf welchem Möbel sein Platz war.
Ich saß nie auf dem kalten Fleck zwischen zwei Stühlen.
Nie habe ich darum gekränkelt
und niemanden gekränkt.
Ich habe wertbeständig Münzen gesammelt
und bin mit bedächtiger Regelmäßigkeit
in dein Haus gekommen,
weil es dort stets mit rechten Dingen zuging
und die Geräusche wohlsortiert
und die Meinungen fest und schwarz gebunden waren.
Ich habe an dich bestimmt mehr geglaubt
als an unseren Chefprogrammierer,
und der hat eine grundsolide Ausbildung.
Und an der Börse der Hoffnung und der Liebe
habe ich nie gespielt
wie mancher Glücksritter unter deinen freien Angestellten.
Eine Ehe hätte ich vielleicht führen sollen,
in deinem Sinne und mit ordnender Hand.
Aber nie traf ich ein Weib,
das sich in meinen ausgewogenen Stundenplan
fugenlos eingliedern ließ.
Freunde gab es nicht in meiner Existenz,
weil ich nichts zu verschenken habe,
und Geschenke stürzen mich in fordernde Verlegenheit.
Sie blieben Kollegen
und nannten mich einen Karteikasten mit Ärmelschonern.
Mein Gott,
und nun haben sie mich begraben,
nur, weil ich das erste Mal verschlafen habe
und sie mich darum als verblichen betrachteten,

ohne weiter darauf zu achten,
ob Leben in mir ist.
Ein Kollege sagte
im Weggehen von meinem Grabe:
Leider kann er
in unseren Herzen nicht weiterleben,
weil er sich nie
dahinein verirrt hat.

A: **Herman van Veen, Eine Geschichte von Gott**
Als Gott nach langem Zögern wieder einmal nach Hause ging, war es schönes, sagenhaftes Wetter. Und das erste, was Gott tat, war, die Fenster sperrangelweit zu öffnen und sein Häuschen gut zu lüften. Und Gott dachte:

B: Vor dem Essen werde ich mir noch kurz die Beine vertreten.

A: Und er lief den Hügel hinab zu jenem Dorf, von dem er genau wußte, daß es da lag. Und das erste, was Gott auffiel, war, daß da mitten im Dorf während seiner Abwesenheit etwas geschehen war, was er nicht erkannte. Mitten auf dem Platz stand eine Masse mit einer Kuppel und einem Pfeil, der pedantisch nach oben wies. Und Gott rannte mit Riesenschritten den Hügel hinab, stürmte die monumentale Treppe hinauf und befand sich in einem unheimlichen, naßkalten, halbdunklen, muffigen Raum. Und der Raum hing voll mit allerlei merkwürdigen Bildern. Und der Raum wurde erleuchtet von einer Anzahl fettiger Substanzen, aus denen Licht leckte. Er sah auch eine höchst unwahrscheinliche Zahl kleiner Kerle herumlaufen in schwarzen Kleidern und dicken Büchern unter müden Achseln, die selbst aus einiger Entfernung leicht moderig rochen.

B: Komm mal her! Was ist das hier?

C: Das ist eine Kirche, mein Freund. Das ist das Haus Gottes.

B: Wenn das das Haus Gottes ist, Junge, warum scheint dann hier nicht die Sonne, warum blühen dann hier keine Bäume und warum fließt dann hier kein Wasser, Bürschchen?!

C: Ich weiß nicht.

B: Kommen hier viele Menschen her, Knabe?

C: Das geht in letzter Zeit ein bißchen zurück, mein Freund.

B: Und woher kommt das deiner Meinung nach? Oder hast du keine?

C: Es ist der Teufel. Der Teufel ist in die Menschen gefahren. Die Menschen denken heutzutage, daß sie selbst Gott sind, und sitzen lieber auf ihrem Hintern in der Sonne.

A: Und Gott lief fröhlich pfeifend aus der Kirche auf den Platz. Da sah er auf einer Bank einen kleinen Kerl in der Sonne sitzen. Und Gott schob sich neben das Männlein, schlug die Beine übereinander und sagte:

B: Kollege!

(Von der Platte: H. v. Veen, Inzwischen alles Gute . . ., Polydor 2374116.)

Musik

C: **Fürbittengebet für einen Ruhestifter**

Lieber Gott,
Die Ruhe ist diesem Menschen
die erste Bürgerpflicht in deinem Reich.
Er verträumt sich gerne am Strand des Genezarethsees
und sieht den Muscheln beim Leben zu.
Er räkelt sich sonnensatt am Fuße des Bergpredigtberges
und wartet auf den Hasen,
der dem Fuchs eine gute Nacht wünscht.
Herr der Unruhe,
ohne die dein Sohn immer wieder stirbt,
entkrampfe diesem Menschen die gefalteten Hände,
damit er begreifen kann
alles und mich.
Ziehe ihm den Zeigefinger vom Mund,
bevor er »Pst« zischt.
Schlage seine Beine auseinander,
damit er stehen und weiter sehen kann.
Ziehe ihm die verschränkten Arme von der Brust,
damit er begrüßen kann
alle und mich.

Nimm ihm die Finger von der Nase,
damit er die schweißtreibende Arbeit
aller Wunder riechen kann.
Und stoße ihm die Hand unter dem Kinn weg,
damit er beunruhigt denken kann
an alle und an mich.
Und noch eins, Gott:
Sage mir sehr deutlich,
daß ich er sein kann.

A: **Glaubensbekenntnis eines Vorsichtigen**
Vater und Gott.
Ich glaube genauso schweigend an dich
wie du an mich.
Was du hier unten bewirkst,
weiß ich nicht.
Aber du siehst alles.
Darum halte ich mich zurück!

Musik

B: **Klagelied eines Unruhestifters**
Ach Gott!
Sie stehen da und schauen mich an
als hätte ich an ihrer festen Burg gezündelt
und mir anschließend im Löschwasser
unschuldig die Hände gewaschen.
Sie stehen da, deine Lämmer,
mit dem entwaffnenden Schlachtbankblick,
und warten darauf,
daß ich mich aus ihrem Kostüm pelle,
um sie als Wolf raffzähnig anzublecken.
Dabei gehöre ich zu ihnen,
zu deiner weißwolligen Herde, guter Hirte.
Du hast mich doch nie
als treibenden Hirtenhund
in deinen Dienst genommen.

Das sollten sie wissen.
Aber sie stehen da und schauen mich an.
Und mit ihren Blicken
geben sie mir verstohlen Tritte,
und aus ihren Mündern
poltern diskret Steine in meine Richtung.
Denn ich habe Worte gesagt,
die sie sofort hastig
Wer fürchtet sich vorm bösen Wolf
spielen ließen.
Ich habe gesagt
und dabei vielleicht zornig mit den Füßen aufgestampft,
ich habe gesagt:
Herrje, wir sollten nicht immer Sitzenbleiber sein!!
Wobei ich mich bei dem »Herrje«
noch nicht einmal in der Wortwahl vergriffen habe.
Das war alles.
Und nun stehen sie da und schauen mich an
und lassen mich im ersten Kreis der Hölle
schuldbeladen frieren.
Ach Gott!
Dennoch wünsche ich mir für meinen Satz
ein kräftiges Echo.
So schön wie das
auf dem Königssee!

Musik

C: **Un-Friedensgruß**
Der Friede Gottes,
der höher ist als alle Vernunft,
bewahre eure Herzen und Sinne!
Nur, versteht ihn richtig
wie diese Geschichte:

A: Und Jesus ging in eines ihrer Gemeindehäuser. Da war ein Mann mit einer verkrüppelten Hand. Einige der Anwesenden hätten Jesus gerne angezeigt und fragten ihn deshalb: Ist es nach dem Gesetz Gottes erlaubt, am Sabbat zu heilen? Da sagte Jesus: Was tut ihr denn, wenn euch am Sabbat ein Schaf in ein tiefes Loch fällt? Holt ihr es dann nicht heraus? Und ein Mensch ist doch mehr als ein Schaf. Also ist es erlaubt, einem Menschen auch am Sabbat zu helfen. Darauf sagte er zu dem Mann: Streck deine Hand aus! Er streckte sie aus, und sie wurde heil. Da gingen die Pharisäer hinaus und überlegten, wie sie Jesus töten könnten.

(Matthäus 9,12ff.; nach: Gute Nachricht für Sie, NT 68, Stuttgart 1968.)

Musik

B: **Wir wollen beten**
C: Wenn Sie jetzt hastiger atmen,
wenn Pulse gegen Ihre heiße Haut klopfen,
als wollten sie heraus,
wenn Ihr Mund trocken wird,
Sie schlucken müssen,
als ginge Ihnen das Herz über,
wenn sich ein Stückchen Wahrheit
von Ihrer pelzigen Zunge zu lösen droht,
wenn eine heiße Hand Ihren Nacken packt
und Sie so schüttelt,
daß Sie plötzlich wissen,
wer Sie sind,
dann sind Sie bereit.
A: Ein wenig!
B: Wenn Sie ungeduldig werden,
Keine Gedanken mehr verlieren
an die Ordnung dieses Dienstes,
wenn Sie am liebsten aufspringen und hinausstürmen
wollen,
um etwas anzufangen,
was anzufangen Sie nie gewagt haben,
weil Sie Ihren persönlichen Regenbogen
für unbesteigbar

und die sieben Märchenberge für wirklich hielten
und darum für eine Traumgrenze,
wenn Sie ja sagen zu sich und Ihrer glücklichen Unruhe
im sich überschlagenden Schaukelstuhl,
dann sind Sie bereit.

A: Ganz!

3 Minuten Stille

A: **Vater unser**
im Himmel über Schäfchenwolken.
Laß dich nicht immer Vati nennen,
den wir am siebenten Wochentag zur Ruhe legen.
Laß es nicht zu,
daß wir in Abendliedern
uns so lieb besingen
wie den Nachbarn
und alle Fragen
in lieblichen Notenköpfchen suchen.
Zerwühle alle allzu geraden Furchen,
die wir routiniert auf deinem Acker ziehen
hinter haferprallen Eseln.

B: Unser tägliches Brot gib uns heute,
aber ohne die Gewißheit
auf das morgige Eintopfgericht mit der Dauerwurst.
Laß es nicht zu,
daß deine Schriften zu Speisekarten
unseres Glaubens werden
mit Preisangaben nach dem Dessert.
Gib uns den Atem für einen Schnellimbiß
zwischen Sabbatschändung
und Zöllnerliebkosung.

C: Und führe uns in Versuchung,
dann und wann einmal,
wenn deine Altäre zu steinern
und unsere Kanzelworte zu hölzern geworden sind,
und wenn deine Lichter aufhören

zu tropfen.
Zeige uns nicht nur eine gerade Allee,
von Friedenspalmen gesäumt,
ohne bunte, fallende Blätter,
sondern Wendeltreppen und Hängebrücken,
auf denen uns Schwindel packt.
Und laß uns leichtsinnig werden
nach einem Schluck schweren Abendmahlswein!

A: Dein Reich komme . . .!

2 Minuten Stille

B: **Bertolt Brecht, Das Wiedersehen**

Ein Mann, der Herrn Keuner lange nicht gesehen hatte, begrüßte ihn mit den Worten: »Sie haben sich gar nicht verändert.«
»Oh!«, sagte Herr Keuner und erbleichte.

(Aus: Brecht, Geschichten vom Herrn Keuner, Suhrkamp Taschenbuch 16, Frankfurt a.M. 1971.)

Musik

Wolfgang Seehaber

Der kleine Frieden

Orgelimprovisation

Eröffnung

A: Was ist das, Pax verhüte dich?
B: Das älteste Gewerbe der Welt. (Aus: Pax wo bist du?)
A: Der Streit ist die Fortsetzung des Gesprächs mit anderen Gefühlen – sehr frei nach v. Clausewitz.
B: Es kann der Frömmste in Frieden leben, wenn ihm der böse Nachbar gefällt – einigermaßen frei nach Schiller.
A: Frieden kannst du nur haben, wenn du ihn gibst. (Von Ebner-Eschenbach.)
B: Frieden kannst du nur geben, wenn du ihn hast.
A: Wenn du Frieden gibst, hast du ihn nicht unbedingt.
B: Friede auf Erden den Menschen, die an sich Wohlgefallen haben – frei nach einem Engel.
A: Unfriede den Selbstgefälligen,
denn sie haben zuviel vom Erdreich.
Und das schafft Unfrieden.
B: Ich bin nicht gekommen, Frieden zu bringen,
sondern einen Predigtberg Ärger – Jesus.
B: Oder: Friede macht Ärger, wenn Jesus mitmischt.

C: **Wolf Biermann, Kleiner Frieden**

Kinder, die aufwachen
Frauen, die Morgenwäsche machen
Männer, die ein Gedicht schreiben *über:*
Kinder
die aufwachen
Frauen
die Morgenwäsche machen
Männer
die ein Gedicht schreiben

(Aus: Biermann, Mit Marx- und Engelszungen, Berlin 1968, Quarthefte.)

A: **Gebet für den kleinen Frieden,**
den eigenen Frieden,
das gute Gewissen,
auf dem man verschläft.

C: Gebet gegen Störenfriede,
die den kleinlichen Frieden stören,
die ihre Not publizieren,
ohne Absatzchancen,
ohne Markt.

B: **Antonio Arraiz, Gebet in der Straßenbahn**
Guter Genosse Jesus
Freund, wie der Tag so groß und weise:
wenn du willst
werde ich meine kleinen täglichen Freuden opfern.
Nur mach, daß diese Frau,
die mit mir in der Straßenbahn fährt,
wenn sie zu Hause ankommt
ihr krankes und vaterloses Kind ein bißchen besser antrifft.

So groß ist ihr Kummer
ihre Unruhe
daß wir alle
an ihrem Schmerz teilnehmen mußten.
Unerbittlich erzählte sie jedem
ihre traurige, simple Geschichte
und ihre Stimme langweilte uns alle.

Nimm mir heute das erste Liebeswort
das mich zu Hause erwartet.
Den bequemen Sessel. Das alte Buch.
Das Bad im lauen, weiblichen Wasser.
Die Erdbeeren mit Milch und Zucker.

Nimm mir heute der Freunde freundlicher Gruß.
Die Genugtuung nach getaner Arbeit.
Die Langeweile des anspruchslosen, gewöhnlichen Glücks.

Nimm mir, wenn du willst
einen vollen Tag des gebahnten Weges.

Nur gib dieser armen Frau
auf deren schmutziger Wange
Tränen nicht unsichtbar bleiben können
das strahlende Morgenlicht eines lächelnden Kindes.

(Aus: Der du bist im Exil, Gedichte zwischen Revolution und Christentum aus 16 lateinamerikanischen Ländern. Hg. u. übertragen von Stefan Baciu und Kurt Marti, Wuppertal-Barmen 1969.)

C: **Eine Frage an Selbstzufriedene**
Lacht immer der am besten
der zuletzt lacht
auch wenn er keine Lacher
auf seiner Seite hat
auch wenn er nicht
über sich selbst
und seinen Anspruch
der letzte Lacher zu sein
lachen kann?

Pause mit Orgelmusik

C: **Gebet des Franz von Assisi**
O Herr, mach mich zum Werkzeug deines Friedens
daß ich Liebe übe, wo man sich haßt
daß ich verzeihe, wo man sich beleidigt
daß ich verbinde da, wo Streit ist
daß ich die Wahrheit sage, wo der Irrtum herrscht
daß ich den Glauben bringe, wo der Zweifel drückt
daß ich die Hoffnung wecke, wo Verzweiflung quält
daß ich dein Licht anzünde, wo die Finsternis regiert
daß ich Freude mach, wo der Kummer wohnt.
Ach Herr, laß uns trachten,
nicht, daß wir getröstet werden, sondern daß wir trösten,

nicht, daß wir verstanden werden, sondern daß wir verstehen,
nicht, daß wir geliebt werden, sondern daß wir lieben.
Denn wer hingibt, der empfängt,
wer sich selbst vergißt, der findet,
wer verzeiht, dem wird verziehen,
und wer stirbt, der erwacht zum ewigen Leben.

Psalm
Gott, Herr, Duzfreund
– was weiß ich –
nicht: Herr Zebaoth
denn Stechschritt macht dich unglaubwürdig.
Ich soll Frieden machen
bestellte dein Bote mir
und pries mich selig.
Aber es war mein Ausverkauf.
Muß ich mich wirklich zum Großhandelspreis verschleudern
auf mich selbst verzichten
nur damit deine Grossisten
an mir verdienen
und sich breit machen
und ich unter Füßen sitze?
Ist dein Friede
so teuer wie meine Zufriedenheit?
Ist dein Friede höher
als meine Vernunft hier ganz unten?
Mein Friede wäre unvernünftig
und auf 70 kleinbürgerliche Quadratmeter beschränkt,
sagten sie,
deine Gesinnungsfreunde,
die Vordenker
denen ich nachdachte.
Ich bin mit den Friedfertigen fertig.
Ich bin nicht selig,
ich bin zufrieden.

Musik

A: **Selbstbekenntnis**

B: Manchmal glaube ich an mich
wenn wir uns nach einem Streit das erstemal wieder anlächeln
wenn mein Sohn von mir Recht bekommt
wenn man mir glaubt
ohne meine geliehene Macht zu sehen.

C: Manchmal glaube ich an mich
wenn meine Selbstzufriedenheit
andere nicht mundtot macht
wenn meine Friedfertigkeit
andere nicht fertig macht
wenn meine Unzufriedenheit
nicht ansteckend wirkt

A: Manchmal glaube ich an mich
wenn meine kleinen Friedensstiftungen
andere nicht bescheiden werden lassen
wenn mein frommer Friede
Pharisäern keinen Mut macht
wenn mein Friede
kein Waffenstillstand ist
keine Ruhe vor dem Sturm
keine Windstille.

Musik

B: **Mitten im Frieden wird der Krieg feilgeboten**
Den Krieg zu hassen, das ist gewiß gut,
und den Krieg zu hassen ist gewiß keine Schuld,
und den Krieg zu hassen, das ist sicher Liebe,
weil er das schreckliche Ende des Friedens,
weil er das Ende ist.

Warum aber hast du gestern,
als deine Frau mit dir schrie,
deine Frau angeschrien?
Warum aber hast du gestern,

als dein Freund dich belogen,
belogen deinen Freund?
Warum aber hast du gestern,
als deine Tochter geweint,
die Tochter geschlagen?

Warum aber hast du gestern,
als von Juden sie sprachen,
keine Juden gesehn?
Warum aber hast du gestern,
als sie Vietnam sagten,
mit den Schultern gezuckt?
Warum aber hast du gestern,
als sie Hungertod meinten,
ruhig weiter gegessen?

Und warum hast du gestern,
als *sie* eine andre Welt verfluchten
als ein ausgemachtes Lumpenpack,
warum hast du nicht Einhalt geboten,
warum, wenn kein anderer, warum denn nicht du?

Nicht erst im Krieg geht der Frieden über Bord,
der wird im Frieden schon verraten und verkauft.
Den Krieg zu hassen, das ist nicht schwer.
Aber mitten im Frieden wird der Krieg feilgeboten.
Und du gehörst,
ich würd mir mal von Zeit zu Zeit zuhörn, mein Junge,
zur Sorte der feilschenden Händler,
gerade du.

(Aus: Thomas Rother, Teufelszacken, Texte für Menschen und für Christenmenschen, Düsseldorf 1971.)

Atempause mit Musik Franz Josef Degenhardt, Deutscher Sonntag

A: **Kurzes Gespräch eines Friedfertigen mit sich und seiner zur Zeit friedlosen Welt**

Wo führt das hin
frage ich mich
wenn man unsereiner so verkennt
daß wir selbst unseren Seligkeitsanspruch in den Wind schreiben
und aus dem Schafsfell fahren?
Sie sagte
sie könnte mein ewiges Lächeln nicht mehr vertragen
die Erzengelsgeduld, das gekonnte Verständnis
Berufsbiedermann, sagte sie zu mir
sie fühlte sich ewig schuldig, sagte sie
und niemand könnte von ihr verlangen
für ein Heiligenbild zu kochen.
Sie wäre dankbar für einen Fluch, sagte sie
für seine Ehrlichkeit
denn erst dann
könnte sie an meine verhaltenen Liebesbeteuerungen glauben.
Ich sollte, verdammt noch mal, wenigstens einmal
verdammt noch mal sagen
sagte sie ein wenig laut
der Zorn des Gerechten wäre immerhin besser
als gar keiner.
Sie würde sich dann ernst genommen fühlen, sagte sie
als Partnerin, nicht nur als Jüngerin.
Sie hat mich überzeugt.
Ich habe es gesagt
und noch mehr.
Ich habe mit Türen geworfen
und mit gesucht bösen Worten.
Sie hat gelacht
spöttisch
und »verhinderter Brandstifter« zu mir gesagt
der nicht aus seiner Biedermannshaut könnte.
Sie würde mir nun meine verhaltenen Liebesbeteuerungen

glauben
sagte sie
weil ich Ehrlichkeit wenigstens versucht hätte aufzurichten
ohne Überzeugung zwar
und mit dem Seligkeitsanspruch
eines schäfischen Isaak.
Als Jüngerin hätte sie wenigstens
keine Angst vor dem Altwerden, sagte sie
und briet Bratwürste
die ich nicht mochte
für ein Heiligenbild
dem es egal sein sollte.
Mir war es nicht egal!

B: **Fürbittengebet**
A: Wir wollen beten
B: Sie können mitmachen
C: Sie können aussteigen
A: Denken Sie daran,
wenn Sie in den nächsten Minuten träumen,
B: mit sich schweigen,
C: verschweigen,
A: sich selbst überdenken,
B: betet vielleicht einer
C: für den Träumer,
A: für den, der mit sich nur schweigen kann,
B: für den, der verschweigen muß,
C: und für den, der es nie wagte,
sich zu überdenken.

2 Minuten Stille

A: **Vater**
Vater unser
Vater im Himmel
der du lebst über den Dingen
Der Himmel ist voll von dir

sagen sie
aber mein Stückchen Erde
ist manchmal sehr leer
Sie beten an die Macht der Liebe
und schwören mit ihrem Leben
leichtfertig auf Ideen
die mir Angst machen
Sie haben Achtung vor deinem Namen
in Hab-acht-Stellung
und überrollen meinen kleinen Frieden
wie einen anachronistischen Schrebergarten.

Dein Reich komme
beten sie
und vertun die Zeit bis dahin
genüßlich mit Festen der Weisen
die sich schwindsüchtig überleben
Eine feste Burg bist du
singen sie so laut
daß sie sich nicht mehr hören
und ziehen die Zugbrücke hoch
damit dein Wille weltfremd
und rein geschehen kann
Dein Haus sei kein Taubenschlag
verbeten sie sich
und Friedenstauben gehören in den Zirkus
mit ihren belachten Kunststücken
die fett und flügellahm machen.
Um tägliches Brot
beten sie
und Sodbrennen
gefährdet die Geruhsamkeit ihrer Welt
die sorgfältig abgesteckt ist
bis in die egozentrischen Winkel hinein
wo man mit deinen Gebotstafeln Skat spielt
und Ordnung sticht Phantasie.

B: Vater
Vater unser
Vater im Himmel
der du bist Allgemeingut
im siebenten Himmel derer
die mich als Verwaltungsaufgabe sehen
Vergib mir meine Schuld
obwohl ich es nicht begreife
daß immer ich der erste sein muß
der sich an den Pranger stellt
mit der Narrenkappe über dem Gesicht
die mechanisch lacht
und daß die Herren Kaiphas und Judas
mich mit geweißten Westen
blenden dürfen.
Aber ich sage
was ich eigentlich nur als Kind
begreifen konnte
als du noch Spielgefährte warst
Ich sage
Wie ich vergebe den Schuldigern
auch wenn ich mich an meinem selbstgerechten Zorn
vorwurfsvoll verschlucke
Vergib mir meine Schuld
wie ich stunde meinen Schuldigern
die ihrige
und führe mich nicht in Versuchung
Verzichte darauf
mit meiner Menschlichkeit zu experimentieren
wie es deine fadenscheinigen Kollegen
getan haben.
Laß mich hören
wie du über meine Majestätsbeleidigungen
väterlich, versöhnlich lachst
und auf meinen Kniefall verzichtest
der so verletzlich macht
Denn Sie, Herr, können es sich leisten

Herr in meinem Nacken
oder in den Gewitterwolken
Ich nicht!

A: Vater
Vater unser
Vater im Himmel
dein ist das Reich
und die Kraft
und die Herrlichkeit
wenn du darauf bestehst!?

C: **Gehet hin im Frieden des Herrn**
Gehet hin mit dem Herrn des Friedens
wenn er mit euch mitkommt.
Der Herr behüte euch
euch vor euch
und den kleinen Frieden vor euch
damit ihr ihn nicht groß macht
und so unverbindlich
wie große Worte nun einmal sind.
Sperrt den kleinen Frieden nicht ins Kinderzimmer
und sagt nicht
ach wie süß
bevor ihr zusperrt
Laßt den kleinen Frieden erwachsen werden.
Entmündigt ihn nicht.
Er verdient es
gesiezt zu werden.
Habt den Mut
ihm dann als gleichberechtigtem Partner
eurer Interessen das Du anzubieten.

Orgelnachspiel

Wolfgang Seehaber

Die Kinder und so weiter

Musik

A: **Dreierlei Kinderreime**

B: Sauerkraut und Rüben,
die haben mich vertrieben.
Hätt meine Mutter Fleisch gekocht,
wär ich bei ihr geblieben.

C: Vögel die nicht singen,
Glocken die nicht klingen,
Pferde die nicht springen,
Pistolen die nicht krachen,
Kinder die nicht lachen,
was sind das für Sachen?

A: Schlaf, mein Kind! Ich wiege dich.
Wärst du größer, so schlüg ich dich;
weil du aber bist so klein,
da muß ich tun den Willen dein.

(Aus: Allerleirauh – Viele schöne Kinderreime. Versammelt von H. M. Enzensberger, Suhrkamp Taschenbuch 19, Frankfurt a.M. 1971.)

B: **Psalm des verlorenen Sohnes**
Gott, du hast mich verlassen
Ich frage nicht warum
Ich weiß es
Du hast Gesetze gemacht
und mich
und ich habe damit gemacht
was ich wollte
und das Vaterunser
für einen zu langen Witz gehalten
Ich habe Vater und Mutter
nicht geehrt

und mir ist es also
nicht wohl ergangen auf Erden
Mir ist deine Vorschrift vier
schmerzhaft auf die Füße gefallen
Nun humpel ich zurück
zwei demütige Schritte vor
und einen trotzigen zurück
zum Haus mit der Trauerweide
wo mein Wille
von nun an
auch ein Weg sein darf
Denn ich habe deinen Sohn getroffen, Gott
der in meiner schlechten Gesellschaft
guten Umgang pflegte
Und der hat mir erzählt
daß du auch gesagt hast
zu Eltern
die nur zu gerne mit der Schlaghand
auf deine Gebote pochen
und den Zeigefinger
mit einem Pistolenlauf verwechseln
daß du gesagt hast:
Ihr sollt eure Kinder ehren
auf daß es euch zusammen
wohl ergehe
und mein Sohn lange lebe auf Erden

Musik

C: **Gebet einer besitzenden Mutter**
Nun geh
Vergiß all die Sorgen
die ich mir gemacht habe
bei Masern und Mumps
Vergiß die Geschichten
die ich dir erzählt habe
vom Schneiderlein und vom Jesus

wenn du nicht einschlafen konntest
Vergiß all die Worte
die dich zu einem Menschen machten
unter Menschen
mit Verbeugungen und Danke
Vergiß
daß du gesagt hast
du wolltest nur eine heiraten
wie mich
du würdest werden
was Vater ist
Du teilst unsere Träume
nicht mehr
Nun geh, geh
wenn du die andere
mehr liebst als die
die alle ihre Hoffnungen
auf deinen Kosenamen reimten
Geh
wir werden weiterleben
so weiterleben
wie wir es nach der Inflation
getan haben
Geh zu ihr
Sag ihr einen Gruß
meinetwegen
und gib acht
daß du nie Vater wirst

A: **Erich Kästner, Eine Mutter zieht Bilanz**

Mein Sohn schreibt mir so gut wie gar nicht mehr
Das heißt, zu Ostern hat er mir geschrieben.
Er denke gern an mich zurück, schrieb er,
und würde mich, wie stets, von Herzen lieben.

Das letztemal, als wir uns beide sahn,
das war genau vor zweidreiviertel Jahren.

Ich stehe manchmal an der Eisenbahn,
wenn Züge nach Berlin – dort wohnt er – fahren.

Seit einem Jahr, da hat er eine Braut.
Das Bild von ihr will er schon lange schicken.
Ob er mich kommen läßt, wenn man sich traut?
Ich würde ihnen gern ein Kissen sticken.

Man weiß nur nicht, ob ihr sowas gefällt . . .
Ob sie ihn wohl, wie er's verdiente, liebt?
Mir ist manchmal so einzeln auf der Welt.
Ob es auch zärtlichere Söhne gibt?

Wie war das schön, als wir zusammen waren!
Im gleichen Haus . . . Und in der gleichen Stadt . . .
Nachts lieg ich wach und hör die Züge fahren.
Ob er noch immer seinen Husten hat?

Ich hab von ihm noch ein Paar Kinderschuhe.
Nun ist er groß und läßt mich so allein.
Ich sitze still und habe keine Ruhe.
Am besten wär's, die Kinder blieben klein.

(Aus: Dr. Erich Kästners Lyrische Hausapotheke, Droemer Verlag, München und Atrium Verlag, Zürich.)

Musik

B: **Aufruf zur Freundschaft**
Ich stehe auf
wie immer
mit dem linken Bein zuerst
Ich wasche mich
wie immer
in der gleichen Reihenfolge
Ich frühstücke
wie immer
schwarzen Kaffee und Graubrot
Ich küsse meine Frau
wie immer

auf dieselbe Stelle
Das Kind schreit
wie immer
Es wird aufgenommen
Es wird gewaschen
Es wird gefüttert
mit weißer Milch
Es wird geküßt
wie immer
Ich gehe
Und nun
wird man mit mir machen
wie immer
In fünf Jahren
steht das Kind auf
küßt, geht
läßt mit sich machen
Ich denke
wie immer
Man sollte
befreundet sein

C: **Bertolt Brecht, Der hilflose Knabe**

Einen vor sich hin weinenden Jungen fragte ein Vorübergehender nach dem Grund seines Kummers. »Ich hatte zwei Groschen für das Kino zusammen«, sagte der Knabe, »da kam ein Junge und riß mir einen aus der Hand«, und er zeigte auf einen Jungen, der in einiger Entfernung zu sehen war. »Hast du denn nicht um Hilfe geschrien?« fragte der Mann. »Doch«, sagte der Junge und schluchzte ein wenig stärker. »Hat dich niemand gehört?« fragte ihn der Mann weiter, ihn liebevoll streichelnd. »Nein«, sagte der Junge und blickte ihn mit neuer Hoffnung an. Denn der Mann lächelte. »Dann gib auch den her«, sagte er, nahm ihm den letzten Groschen aus der Hand und ging unbekümmert weiter.

(Aus: Bertolt Brecht, Geschichten vom Herrn Keuner, Suhrkamp Taschenbuch, Frankfurt a.M. 1971.)

Musik

A: **Gute Worte für ein altes Kind**

Sie sagten
Um Gottes willen
Mach keine Sachen
Als er lächelte
Nur so
Für nichts
Als er liebäugelte
Nur so
Für nichts
Als er Hundeblumen pflückte
und Rosen roch
Als er Muscheln suchte
und die Südsee hörte
Als er Dünen bestieg
und einen Felsen fand
Als er nach Neuem gierte
Nur so
Für nichts
Als er zutrank, zuhörte, zusprach
Nur so
Für nichts
Als er nichts vormachte
Nur so
Für nichts
Sie sagten
Um Gottes willen
Mach keine Sachen
Gott aber sagte
Meinetwillen
Mach

Erinnerungspause mit Musik: Der Rattenfänger (Hannes Wader)

(Wader, Der Rattenfänger, Philips 6305207.)

B: **Glaubensbekenntnis der Kinder**

C: Wir glauben an Gott, den Vater
der dem Sohn ein eigenes Leben erlaubte
auch wenn er nicht Zeitgenosse
nur der Väter
auch wenn er nicht Tischgenosse
nur der Manierlichen
auch wenn er nicht Zimmergenosse
nur der Durchschläfer sein wollte
Wir glauben an diesen Vater
der sein Kind nicht
um des eigenen Friedens willen
an die ewigen Ruheständler verriet
sondern ihn hier sein ließ
im Sonnenschwall der Blinklichter
damit er ansteckt

A: Wir glauben an Jesus, den Sohn
der uns Kindern das Himmelreich versprach
weil wir so sind
wie wir sind
nicht hinausgewachsen
über die kleinste Not
nicht herablassend
zur winzigsten Hoffnung
gleichgroß
wie jede Frage
die nicht immer
eine Antwort findet
schnell verbrüdert mit allen
die oft
über das Ziel hinausschießen
Wir glauben an diesen Sohn

der uns als Vorbilder
an die Wand der guten Stube malte
und sich als kleinsten zeichnete
damit wir uns wichtig genug sehen
und anstecken können

B: Wir glauben an eine Kirche
die nicht nur
mit der guten alten Zeit flirtet
im Stadtpark auf der Rentnerbank
die nicht Friedenstauben
mit Krumen flügellahm mästet
bis wir Kinder
über sie stolpern
beim Spiel mit den Spatzen
die nicht nur
im Sonntagsstaat
Staat machen will
sondern in Freizeitkleidung
Freiheit
die der Vater meint
und der Sohn
Wir glauben an eine Kirche
in der Kindermünder
Wahrheit kundtun können
auch wenn sie älter sind
die Kinderkrankheiten hat
und ansteckt

Musik

C: **Frohe Botschaft in Anführungsstrichen**
Wenn ihr nicht
sagte Jesus eines Tages
vor Ablauf der Eintragungsfrist
Wenn ihr nicht werdet
Und er sagte auch höflich
Guten Tag

Wenn ihr nicht werdet wie die Kinder
ist dieser Tag
der erste Tag
nach Erreichung
eurer Überaltersgrenze
Es ist naß und nebelig
Die Sonne der Gerechtigkeit
blinzelt nur
in eure zerfalteten Gesichter
Der Tau tropft Trauer
auf den Mutterboden
Und das Himmelreich
hat sich verkrochen
hinter dem Spielplatz dort
mit dem einsamen Zipfelmützenjungen
auf der Wippe
der nicht wippen kann ohne Freund
Wenn ihr nicht werden wollt
wie die Kinder
ist das Himmelreich für euch
wie ein Lottoschein
mit durchkreuzten Chancen
und der Hoffnung
auf irgendein Irgendwann
Das sagte Jesus eines Tages
Und er sagte auch
guten Tag
nicht höflich
herzlich

Musik

A: **Gebet eines etwas erwachsenen Kindes**
Oder auch ein Vaterunser
Vater da oben
Komm herunter
und sieh dir meine blauen Flecke an

die mir gestoßen wurden
als ich erster sein wollte
beim Wettrennen zum Ehrenmal
Wie heißt du eigentlich mit Vornamen?
Lieber? oder Herr?
Weihnachten mag ich dich am liebsten
wenn du noch so klein bist
nicht länger als mein Arm
aber ohne die Muskeln
und wie mein Bruder
der immer lacht
wenn ich mit ihm spiele
als wäre er nicht klein
Bist du mir böse
weil ich ihm gestern
nur von mir erzählt habe
obwohl er das Aschenputtel wollte
Ich war ja auch nicht wütend auf ihn
der meinen Blusenärmel zerriß
als ich bleiben sollte
um mit ihm Mutter und Kind zu spielen
und er wollte die Mutter sein
Ich auch
weil sie alle Schlüssel hat
in der Schürzentasche
Aber ich habe bis zehn gezählt
und alle Jüngernamen aufgesagt
auch den Judas'
und dreimal geseufzt
und dann war alles gut
und wir haben gespielt
als gäbe es die Turmuhr nicht
und er war eine Mutter
ohne Nun mal los! und keine Zeit!
Du hast doch schon recht
Wenn ich manchmal
die Wünsche meines kleinen Bruders

mit seiner weichen Faust
ganz groß finde
kann ich immer abends
mein Kissen streicheln
und mich meinen
und dich ansprechen
einfach so
ohne Auswendiglernen
Das ist doch nur
wie Dreisatz
oder Telefonieren mit dem Opa
nach den Socken zum Geburtstag

Musik

B: **Ein verspielter Segen**
Der Vater segne euch
Fangt diesen Segen auf
Gebt ihn weiter nach Außen
wo den ewig Wartenden
vor Ungeduld die Spielbeine zittern
Zielt ihn nach innen
wo die Müden
ihre endlose Geduld kraulen
die Maske ist für Mutlosigkeit
Spielt Himmel und Hölle mit ihm
und gewinnt
durch einen wagemutigen Sprung
Macht einen Abzählvers aus ihm
der niemanden ausstößt
Gebt ihm mit der Stirn
einen zärtlichen Schubs
daß er in den Schoß eines fällt
dem noch niemals
etwas in den Schoß gefallen ist
Und
macht diese guten Spiele

mit ihm nur
wenn ihr einmal nicht gernegroß
in Kinderschuhen steckt
Ihr werdet dann nicht großspurig
über ihn hinwegtreten
als wäre er
ein Tennisball mit Riß
nach eurem Schmetterschlag
Ihr werdet so mit ihm tändeln
daß er in kein Gesicht prallt
und im Spiel bleibt
und nie
ins Aus rutscht

Musik

Wolfgang Seehaber

Ich sage Angst, und was sagst du?

Musik

A: **Angst ist**
wie ein Wettlauf
auf rutschiger Bahn
Und Glück ist es schon
wenn der Regen
zarter wird
und du beginnst
Fuß zu fassen
mit Blick auf die
Rückennummern deiner Gegner
B: Angst ist
wie der Morgen
vor acht Stunden
und wie die Gedanken
die dir nichts zutrauen
und du nicht mehr willst
und dir eine Grippe wünschst
oder einen Lottogewinn
C: Angst ist
wie der Abend
nach acht Stunden
die alles gewollt haben
und du hast es nur fast
gebracht
Und du rechnest nach
und kommst nie
auf die Summe unter dem Strich
A: Angst ist
wie die Nacht
nach acht Stunden
und vor acht Stunden

und das Wachliegen
wenn du keine Träume
spinnen kannst
Und der Gedanke
der Morgen
und der Abend
und die Nacht
würden Alltag

B: Angst ist
wie ein Wettlauf
auf rutschiger Bahn
Der Regen wird stärker
Nur
Kennst du die Bahn
schlage die richtigen Nägel
in deine Laufschuhe
und mach aus den Rückennummern
deiner Gegner
ein Zahlenrätsel

C: **Vom Spiel**
Spielst du Tennis
Freund
Du kennst die kurzen Schläge
die den Ball
knapp über das Netz
pfeifen lassen
Kennst du auch
mein Lächeln
Bruder
wenn ich den Ball
nach deinem kurzen Schlag
knapp über das Netz
pfeifen lasse
Ich höre
dem Pfeifen zu
und lasse den Ball

wenn er aufprallt
in mein Minuskonto schlagen
Denn Bruder und Freund
ich habe keine Angst
vor dem Ball
Er ist nur Stoff für mich mit Füllung
Ich kann verlieren

Musik

A: **Einige Worte vor der Selbstaufgabe**
Gib acht auf mich
mein Gott
Meine Wünsche
sind ab heute
ein kreisrunder Stempel
mit Amtsadler
Meine Träume
haben sich unwiederbringlich
in einem Urteilsspruch verirrt
Ich habe Angst
Ich bin geschieden
Ich stehe da
und sehe dem Taxi nach
schwarz und bestimmt
und ihr Parfum
wird von Auspuffgasen erwürgt
Ich kann sie nicht mehr
heimfahren
Ich geh in die Kneipe
zu Elsa
die ist wenigstens laut
und setzt Probleme
in Bier um
Ich habe Angst
Ich stehe im Trocknen
wie die Kakteen

meiner Frau von gestern
Nur meine Stacheln sind stumpf
Ich habe Angst
Erzähl mir nichts
vom Bergpredigtberg
und von Genezarethseewundern
Das ist nur Geographie für mich
heute
Laß mich schlafen können
Und wenn du es schaffst
daß morgen
wirklich ein Morgen ist
dann mache ich
einen Tagesausflug mit dir
in Gedanken, Worten und Werken
und schwimme mich frei

Musik

B: **Ein Märchen**
Ab heute
sagte der Großfürst
gibt es keine Angst mehr
in meinem Reich
Das ist ein Befehl
Er schickte Boten aus
und neben jedem Boten
ritt ein zweiter
der prüfen sollte
ob der Befehl ernst genommen würde
und gegebenenfalls
sollte bestraft werden
Denn der Großfürst fürchtete
sein großmächtiger Wunsch
könnte auf Gelächter stoßen
bei denen
die Angst haben

vor ihm
und seinem Befehl

C: **Der dreiundzwanzigeinhalbte Psalm**
Herr du bist mein Hirte
also mangelt mir nichts
Getränke sind da
mit den nötigen Prozenten
und das Essen stimmt
in den Kalorien
Meine Feinde kuschen
seitdem ich die Schutzgebühr
an dich zahle
Das Tal ist zwar dunkel
aber deine Fußtritte
dröhnen vor mir
auf dem Weg
durch die Stolpersteine
Deinen Stecken und Stab
habe ich geprüft
Sie sind brauchbar
Du redest stets
nett mit mir
über dich und die Welt
und das Hochdruckgebiet
das Schäfchenwolken
flocken läßt
Meine Angst ist längst verschwunden
im gotischen Bogengang
deines Hauses
und hat sich
unter Säulen
zur letzten Ruhe eingestaubt
Mein Gott
Warum bete ich diesen Psalm
eigentlich noch?

A: **Okay**
sagte die Angst
ich mache also Angst
Ich gehe in den Gottesdienst
und bringe den Reim
von Ein feste Burg
wild durcheinander
Ich rede dem Glaubensbekenntnis
den Glauben aus
und dem Vaterunser
den Vater
Ich mache aus der Kollekte
einen Notgroschen
und aus der Predigt
eine Taifunwarnung
Aus dem Taufwasser
lasse ich Nebel wabern
und die Trauformeln klingen wie
Trau, schau wem
Ich laß die Kanzel
abbruchreif knacken
und den Altar
wie ein verlassenes Kriegsgrundstück
gähnen
Pech!
sagte die Angst
Ich habe alles getan
Sie haben mich
dennoch nicht
Sie singen so weiter
als gäbe es nur mein Gegenteil
und haben auch noch
einen Vornamen dafür

Musik

B: **Gebet eines Angsthasen auf der Treibjagd**

Lieber Gott
Ich sitze in meinem Loch
und die Schüsse werden dort
auch nicht leiser
Sie haben mich
bestimmt bald wieder im Visier
und das Hakenschlagen geht weiter
Meine Tarnfarbe haart
und ich bin sicher
bald hebe ich nicht mehr ab
und sie kommen zum Schuß
Meine Phantasie läuft aus
wie bald mein Blut
Fast bin ich bereit
mich zu stellen
meine Höhle zu verraten
und meine Tricks
Mein Fell ist dünn geworden
und die Augen
flimmern mir
wenn ich im Morgensonnenlicht
die Flintenläufe
ausmachen will
Was nun, lieber Gott?
Der Sand meiner Höhle
bröckelt mir
in den geduckten Nacken
Das Wurfmaterial in ihre Augen
wird lehmig
Soll ich mir ein Herz fassen
wo es ohnehin
nicht mehr viel zu fassen gibt
und auf Teufel komm raus (pardon)
in die Schonung stürmen?
Aber die ist so weit
wie du

Also
Mache ich es halt
wie dein Sohn
der auch nicht wußte
wie der Hase läuft
und bekenne Farbe
Vielleicht haben die Jäger
gelernt
Inzwischen

C: **Ungutes Zwischenspiel**
Stellt euch also hin
Lacht tief in euren Bäuchen
daß die Angst nicht
euren Verstand erreicht
Macht weiter so
Aus Särgen
Schatzkisten
und aus Gräbern
die Hügel eurer schönsten Offensive
im Weltkrieg Zwo
Begreifen werdet ihr nie
daß Angst
Vergangenheit hat
Sterben werdet ihr
und Angst habt ihr
Nehmt sie denn
graziös ab
eure Helme
aus denen der Sand
der Schützenlöcher klumpt
Charmant
Habt Angst
Mit Stil!

A: Er stand auf
und tat wieder einmal so
als hätte er nur Mut

haben dein Leben nicht länger mehr
vor uns

B: Es ist nicht gut
hat sie gesagt
wenn der Mensch allein ist
Immer hat sie das
zu uns gesagt
In anderen Worten zwar
und nicht so festlich
wichtig
Sie hat gesagt
Ich bin müde
unlustig
traurig
in unsere Mainachmittage hinein
Sie hat sich gehenlassen
und uns nicht sehen wollen
im Mai
Sie hat gesagt
wenn sie sprach
Es ist nicht gut
und immer zu uns
Warum hat sie sich nicht
an dich gewandt
du Lebensverwalter
Dir
hätten die Ohren klingen sollen
Gott!

C: Ein richtiges Wort
zur rechten Zeit
hätte ihr geholfen
sagt ihr mir

Doch
was weiß ich

über das richtige Wort?
Schweigen ist Gold
und das andere weniger
sagtet ihr mir
Doch
was weiß ich
über die rechte Zeit
Wer da nicht kommt
muß mit dem Rest vorliebnehmen
sagtet ihr mir

Musik: Marilyn Monroe (André Heller)

A: **Jacques Prévert, Frühstück**
Er goß den Kaffee
In die Tasse
Er goß die Milch
in die Kaffeetasse
Er tat den Zucker
In den Milchkaffee
Mit dem kleinen Löffel
Rührte er den Kaffee um
Und trank ihn
Er stellte die Tasse ab
Ohne ein Wort
Er zündete
Eine Zigarette an
Er blies Ringe
Aus Rauch
Er streifte die Asche
In den Aschenbecher
Ohne ein Wort
Ohne einen Blick
Er setzte den Hut auf
Er zog den Regenmantel an
Denn es regnete
Er ging

Ohne ein Wort
Ohne einen Blick
Und ich
Schlug die Hände vors Gesicht
Und weinte

(Aus: Prévert, Gedichte und Chansons, siehe Hinweis S. 73.)

B: **Ich glaube**
sagte einer
Ich habe die Lösung
für das Selbstmordproblem
Er dachte dabei
an Statistiken
und Gewissen
Er sagte
Nennen wir
den Selbstmord doch
einfach
Verkehrs-
Tod
Dieser Mann
hat recht
nicht in Gedanken
aber im Wort

Musik

C: **Ein Hauptbahnhof**
Achtzehn Uhr
Berufsverkehr
um Gottes willen
nur vom Beruf weg
Einer
unauffällig gekleidet
hängt
dreißig Meter über den Gleisen
zu uns nach Hause

Drei Feuerwehrleute
jagen ihn
Er hangelt
an einem Eisenträger
der Festeres zu tragen gewohnt ist
Unten sagen sie
Die armen Feuerwehrleute
die haben bestimmt Kinder
Der Mann fällt
das fällt nur insofern weiter auf
als eine Frau
in das Fenster
einer Andenkenauslage stürzt
Sie tut leid
mir und dem Beamten
der eben noch vorschlug
um den Fahrplan
aufrechtzuerhalten
und sich
den da oben
mit einem gutgezielten Schuß
auf den Boden
unserer Ordnung
zurückzuholen
Koste es
was wir wollen
Wir wollen Feierabend
Der Tag war hart
Unsere Demütigungen
stoßen gegen die Korken
der leeren Thermosflaschen
Einer ist ohnmächtig geworden
Man versorgt ihn
Kreuzbinden am Arm
Eine Frau sagt
mütterlicher Typ
Er kann nichts mehr gespürt haben

Aber vorher?
fragt einer
dem der Mensch nahezu
vor die Füße gefallen ist
Aber niemand kann auf ihn eingehen
Die Züge gehen wieder

A: **Eine andere Möglichkeit in Anführungsstrichen**
Das Schauspiel
findet nicht statt
sagte sich einer
Wenn mein Leben
kein Kitzel für sie war
Mein Tod
wird Langeweile sein
für sie
Er stahl sich weg
ohne erwischt zu werden
und lebte sich zu Tode
mit einer Flasche
pro halben Tag

Musik

B: **Elterngedanken auf der Intensivstation über ihrem Kind**
Vielleicht
haben wir nicht alles
für dich getan
Aber wir haben gesehen
wie du aufgewacht bist
klein und weiß
in dem weißen Bett
mit ausgepumptem Magen
den Schlauch in der Nase
Du hast nun
Zärtlichkeit erzwungen
klein und weiß

in dem Bett
das an deinen Laufstall erinnert
Nehmen wir es also wieder
genauso genau
wie damals mit der Klapper
und deinem Schreien
das uns in deine Gesellschaft trieb
Und du warst ruhig

C: **Kindergedanken auf der Intensivstation unter den Eltern**
Den Magen haben sie mir ausgepumpt
und damit euch
Verdaut habe ich euch nicht
aber runtergeschluckt
Eure Augen sehen aus wie die
von Peter meinem Bären
und der ist innen holzwollig
Ihr wollt mich wieder
Warum erst jetzt
Eure Hände fahren fahrig
über meine Bettdecke
als wolltet ihr mich begreifen
Habt ihr begriffen
daß ich sechzehn bin
und damit gleichalterig?
Ihr seht den Schlauch in meiner Nase
und denkt sofort an Schnuller
und an meine Hilflosigkeit
Ich war nicht hilflos
als ich es tat
mit den Tabletten
von meinem Taschengeld
Ich hatte nur keine Hoffnung mehr
bei eurer Hilflosigkeit
meiner Mündigkeit gegenüber

Musik

2 Minuten Pause für eigene Gedanken

A: **Ein Psalm der Leichenträger**

Herr des Todes
Wir stehen am Grab eines Menschen
dessen Namen wir
nur noch flüstern
hinter vorgehaltener Hand
mit ausgestrecktem Zeigefinger
Laut werden wir erst wieder
wenn er aus den übelnehmerischen Schlagzeilen
unserer Gefühle verschwunden ist
wenn sein Tod so aussieht
als hätte er ein Überholverbot
nicht beachtet
oder unsere Vorsorgeuntersuchungen
verlächelt
wenn er die große Ausnahme
vom Psalm dreiundzwanzig ist
oder über einen Stein stolperte
den wir gar nicht
in seine Richtung gerollt haben
Er fiel von eigener Hand
Genauer gesagt
Ein Stuhl fiel
und er stürzte in eine Schlinge
An seinem Grab stehen wir nun
Sandhaufen und Loch
Nenn du zuerst laut
seinen Namen
Es wird dann leichter für uns
dich endlich wieder
wenn die Wunden
die Zeit geheilt haben
Vater des Lebens
zu rufen

B: **Kurt Marti**

die stühle
auf denen wir sitzen
sind nicht
die stühle der propheten
oder apostel

die stühle
auf denen wir sitzen
sind nicht
die stühle des letzten
oder vorletzten gerichts

die stühle
auf denen wir sitzen
sind
die stühle der gesellschaft
für feuerbestattung

(Aus: Marti, Leichenreden, Luchterhand, Neuwied und Berlin 1969.)

Musik

C: **Eine Gedenkminute oder mehr**

Gedenken wir derer
laut
die gefallen sind
unter der Last
nicht sprechen zu können
nicht angesprochen zu werden
nicht lachen zu können
nicht angelacht zu werden
nicht atmen zu können
nicht Atem zu spüren
nicht schenken zu können
verschleudert zu sein
nicht sehen zu können
übersehen zu werden

Vom Sterbenmüssen und vom Lebendürfen

A: **laßt**
die toten ihre toten begraben
aber
die toten sind in den streik getreten
sie fordern mitbestimmung und kürzere ferien
so bleibt uns keine andere wahl
wir müssen die arbeit selber besorgen

(Aus: Kurt Marti, Leichenreden, Luchterhand, Neuwied und Berlin 1969.)

Musik

B: **Gott**
ich stehe an der Busstation im Regen.
Ich habe mich mit meiner Frau gestritten.
Mit dem Liebemachen hat es gestern nicht geklappt.
Meine Tochter hat einen verlobungsverdächtigen Freund.
Der Hund fraß heute meinen Toastbrotrest nicht.
Der Nachrichtensprecher hat gestottert.
Der Bus hat Verspätung.
Mein Nachbar,
mit dem ich die Morgenzeitung zu teilen pflege,
ist verschnupft.
Ich kaue an Nebelfetzen
und an den kritischen Worten meines Chefs.
Mein Schirm steht zu Hause.
Ich stehe an der Busstation im Regen,
und der Bus ist mir so egal
wie die Sonne und die Morgenzeitung
und das Schmatzen meines Hundes über dem Toastbrotrest
und der zärtlich abgespreizte Finger meiner Frau
beim Kaffeeeinschenken.

Ich habe keine Lust mehr.
Die Regenschirmkrücke einer unverschämten Person
mit hoffnungsstarrem Lächeln in den Mundwinkeln
bohrt sich in meinen Magen.
Ich hasse die Neufrisur des Lehrmädchens
und meine Füsse,
die in einer Pfütze stehen
und nicht treten können.
Meine Gedanken grauen sich.
Es ist ein Tag zum Sterben
heute . . .
Gott!
Untersteh' dich!!

C: **Max Frisch, Vom Sterben**

Heute fragt Ursel, unsere Sechsjährige, mitten aus dem Spiel heraus, ob ich gerne sterbe.
»Alle Leute müssen sterben«, sage ich hinter meiner Zeitung: »Aber gern stirbt niemand.«
Sie besinnt sich.
»Ich sterbe gerne!«
»Jetzt?« sage ich: »Wirklich?«
»Jetzt nicht, nein, jetzt nicht –.«
Ich lasse die Zeitung etwas sinken, um sie zu sehen, sie sitzt am Tisch, mischt Wasserfarben.
»Aber später«, sagt sie und malt mit stiller Lust: »später sterbe ich gerne.«

(Aus: Frisch, Tagebuch 1946–1949, Suhrkamp, Frankfurt a.M. 1950.)

Musik

A: **Nur gut!**

Wenn ich einmal sterben muß,
beunruhigt es mich mitunter,
daß es ein Alltag sein könnte.
Mein Todestag soll ein Sonntag sein,

unvergleichlich,
wie Weihnachten oder Karfreitag oder Ostern,
das wäre noch besser.
Es soll ein Tag sein,
an dem ich unsterblich wichtig bin,
an dem die Sonne es sich überlegt
unterzugehen,
und mein Nachbar,
den Rasen zu mähen,
an dem die Kinder
das Kindeskind einmal naß werden lassen,
und mein Freund
über seinen Patiencen
die Geduld verliert.

B: Wenn ich einmal sterben muß,
beunruhigt es mich mitunter,
daß es nicht Mittag sein könnte.
Meine Todesstunde soll ein Höhepunkt sein
wie meine Hochzeit.
Es soll ein Zeitpunkt sein,
an dem ich so wichtig bin
wie jeder Bräutigam
oder John F. Kennedy und Martin Luther King
und der Großbauer Herrmann Schlüter,
der in Armen entschlief,
die ihn umklammert hielten.
Ich will denken dürfen,
mein Tod wäre ein kleines Sterben
für euch.

C: Wenn ich einmal sterben muß,
beunruhigt es mich mitunter,
daß die Sekunde meines Todes ein Plagiat sein könnte.
Denn mein Abschied
ist schließlich so einmalig
wie die Entdeckung der Neuen Welt.
Ich will kein Denkmal dafür.
Das ist kalt.

Ich will euer Gedenken
mit dem Überschwang
später Forscher.

A: Wenn ich einmal sterben muß,
beunruhigt es mich mitunter,
daß einer aufstehen könnte
und sagt:
Werden wir still für eine vereinzelte Minute!,
und ihr ihm folgt,
wie es Scheintote tun.
Es beunruhigt mich,
daß ihr meinen Frieden wollt
und nicht den euren.

B: Wenn ich einmal sterben muß,
beruhigt es mich mitunter,
daß schon gestorben worden ist.
Erfahrungen letzter Atemzüge
können hilfreich sein.
Eine gibt es ganz besonders, die von dem Jesus.
Aber die ist mir zu hoch.
Ich sterbe am Fuße
des Golgathaberges
ohne Kreuzsplitter
in meinem Selbstbewußtsein.

C: Wenn ich einmal sterben muß,
will ich mit der Würde
von 3077 Seiten der Bibel sterben,
aber ohne Goldschnitt.
Ich will gebundenes Recht haben
mit meinem Tod
und nicht so aussehen,
als hätte irgendein Zufall
mir das vernichtende Schnippchen geschlagen.

A: Wenn ich schon sterben muß,
will ich, daß mein Tod mein Tod ist.
Ich dulde keine tötenden Vergleiche.
Ich bestehe auf der Einmaligkeit,

von der ich wissen will,
daß sie eingedrückt ist
in die Grabsteine eurer Gehirne
und aufgedruckt
auf den Kränzen eurer Herzen.
Erdrückt mich nicht
mit eurer Trauer!
Macht mich vor und ein wenig nach,
wenn ich einmal gestorben bin,
damit ich nicht zu schnell sterbe.

Musik

B: **Jacques Prévert, Lied von den Schnecken, die zum Begräbnis ziehn**

Zwei Schnecken ziehen zum Begräbnis
Des verstorbenen Blattes
Schwarz ist ihr Schneckenhaus
Und ihre Hörnchen tragen einen Trauerflor
So ziehn sie in die Dämmerung
An einem herbstlich schönen Abend
Doch als sie endlich ankommen
Ist's schon Frühling
Die toten Blätter
Sind alle auferstanden
Und die beiden Schnecken
Sind arg enttäuscht
Die Sonne aber
Spricht
Nehmt doch wenigstens Platz
Trinkt ein Glas Bier
Wenn's euch danach ist
Nehmt wenn ihr mögt
Den Omnibus nach Paris
Er fährt heut abend
Die Landschaft ist sehenswert
Aber tragt keine Trauer

Ich bitte drum
Es trübt das Weiße im Auge
Und macht häßlich
Grabgeschichten
Sind traurig und gar nicht nett
Tragt wieder Farben
Die Farben des Lebens
Da beginnen alle Tiere
Alle Bäume und Pflanzen
Aus vollem Hals zu singen
Das große Lebenslied
Das Lied des Sommers
Und alles trinkt und prostet
Es ist ein wirklich hübscher Abend
Ein hübscher Sommerabend
Und die beiden Schnecken
Kehren nach Hause zurück
Sehr erhoben
Voller Glück
Ein bißchen torkeln sie
Des vielen Trinkens ungewohnt
Aber am Himmel droben
Behütet sie der alte Mond.

(Aus: Prévert, Gedichte und Chansons, siehe Hinweis, S. 73.)

Musik

C: **Wir wissen, daß wir sterben müssen**
Ein ehrlicher Versuch
Er wußte,
daß er sterben mußte,
aber er war vergeßlich.
Wir wußten,
daß er sterben mußte,
aber wir sagten,
er ist so gut,

daß er nicht sterben darf.
Wir könnten nicht weiterleben
ohne ihn.
Wir, die wir nun hier
über ihm leben müssen, wissen,
daß er viele sterben sah.
Er sah viele sterben,
und immer sagte er:
Herr, mein Bruder,
laß mich so nicht sterben!
Und der Herr,
sein Bruder,
sagte zu ihm:
Wie denn
soll ich dich sterben lassen?
Und er sah den Herrn an,
seinen Bruder, als ob er nicht mehr
sein Bruder wäre,
und sagte:
Herr, dein Wille geschehe!
Doch laß ihn mich nicht wissen.
Und der Herr,
sein Bruder,
sagte:
Kleiner Bruder,
wie soll ich dich denn sterben lassen?
Und er entgegnete:
Nein!

A: Er sah viele sterben
und allerlei Tod.
Er kannte den Trödlermarkttod
und begriff den Fachhandeltod.
Er wußte,
daß er sterben mußte.
Aber er war vergeßlich.
Wir sagten einst:

Er ist so gut,
daß er nicht sterben dürfte.
Heute wissen wir:
Er konnte so gut sein,
weil er vergeßlich war.
Er hätte nicht
vergeßlich zu sein brauchen,
wissen wir,
hätte er nicht vergessen,
den Herrn
als Bruder zu sehen.

Musik

B: **Kurt Marti**

dem herrn unserem gott
hat es ganz und gar nicht gefallen
daß gustav e. lips
durch einen verkehrsunfall starb

erstens war er zu jung
zweitens seiner frau ein zärtlicher mann
drittens zwei kindern ein lustiger vater
viertens den freunden ein guter freund
fünftens erfüllt von vielen ideen

was soll jetzt ohne ihn werden?
was soll seine frau ohne ihn?
wer spielt mit den kindern?
wer ersetzt einen freund?
wer hat die neuen ideen?

dem herrn unserem gott
hat es ganz und gar nicht gefallen
daß einige von euch dachten
es habe ihm solches gefallen

im namen dessen der tote erweckte

im namen des toten der auferstand:
wir protestieren gegen den tod von gustav e. lips

(Aus: Marti, a. a. O.)

Musik

C: **Ein Psalm über Gott und die Welt oder mich**
Herr über Leben und Tod
Du weißt,
ich mag diese Anrede nicht.
Sie klingt,
als wärest du
wie abgefahrene Reifen
wie eine verspätete Vorsorgeuntersuchung
wie ein depressiver Anfall
wie eine Fischgräte
in der Speiseröhre.
Sie klingt menschenunwürdig.
Sie klingt lächerlich tödlich.
Und Kranzschleifen
wehen mir vor die Augen
von einem müden Südwind
und ich sehe dich nur
mit dem Daumen nach unten.
Nein,
ich habe es nicht überhört
das
Herr über den Tod.
Nur meine Akzente
sitzen im Augenblick anders,
weiter vorn,
bei Leben.
Ich traue dir alles zu,
natürlich,
ich bin gutgläubig,
weil keine Chance mir zu vage ist,

als daß meine heißen Hände
sie nicht umschmeicheln würden.
Nur,
wenn es recht ist,
rede ich dich lieber anders an.
Wie wäre es mit Freund
oder Lebensgefährte?
Oder meinetwegen,
wenn du dich noch nicht daran totgehört hast,
mit
lebendiger Gott!

2 Minuten Stille

A: **Gebet der Lebenden**
Vater unser,
stehe endlich auf
und stelle dich weit sichtbar
auf jenen Berg,
von dem dein Sohn gepredigt hat.
Rufe uns zu
so laut wie die Posaunen von Jericho,
rufe uns zu,
daß du alle Berge versetzen kannst,
unter denen wir uns begraben
mit allen kochenden Hoffnungen,
die wir immer gestern hatten.
Schreie uns
im Sturm vor der Stillung an,
daß du mit uns in einem Boot sitzt.
Rufe uns alle
bei dem Namen Lazarus
und erzähle uns vor dem Einschlafen
die guten Geschichten deines Sohnes,
die von der Tochter des Jairus
und vom Jüngling aus Nain,
wo wir alle nur zu gerne

zu Hause wären.
Laß das letzte Abendmahl
einen Taufschmaus werden
und die letzten Worte deines Sohnes
Schlagzeilen
in unseren Morgenzeitungen.
Führe uns nicht in die Versuchung,
daß wir auf deinem Acker
Versteck spielen
mit unserer Zukunft,
und bewahre uns vor der Betäubung,
die aus Trostworten strömt.
Laß uns nie zu lange die Tarnfarbe Schwarz tragen,
sondern winkende Signalfarben
für die anderen.
Und gib uns den lebenswichtigen Rippenstoß,
damit wir dein tägliches Brot so kauen
wie wir es niemals täten
bei einem Leichenschmaus,
nämlich mit offenem Mund,
gegen alle gute Sitte.
Treibe uns unter die drei Kreuze auf dem Berg
und erteile uns dort Nachhilfeunterricht
in Lebenskunde,
und wir werden Maibäume wachsen sehen!
Vergib uns unsere Schuld,
wenn wir einmal sagen
wie Lebenskünstler mit beschränkter Haftung,
wie Sterbekassenwarte,
wenn wir einmal sagen:
Jeder Tag ist nur ein Schritt zum Grab.
Gott,
wir hätten dich dann
entsetzlich alt gemacht.

3 Minuten Stille

C: **Laßt die toten**
ihre toten begraben
aber
wir wollen uns mit dem leben verbrüdern
mit onkeln und tanten mit vettern und basen und freunden
so kommt denn und laßt uns zusammen
tafeln und trinken reden und lachen

(Aus: Marti, a.a.O.)

Musik

Wolfgang Seehaber

Zum Verständnis und Gebrauch der Meditationen

I.

Die hier abgedruckten Meditationstexte sind nicht einfach Produkte eines mehr oder weniger frommen, mehr oder weniger lyrisch ambitionierten Subjektes, sie sind vielmehr hervorgegangen aus einem langen Dialog mit der gottesdienstlich versammelten Ortsgemeinde. Im Vollzug waren und sind die Texte zweifellos lebendiger, wahrscheinlich auch glaubwürdiger als auf dem Papier. Man müßte sie in den Versammlungen hören, statt sie zu lesen.

Was mich bei diesen Experimenten interessierte, war in erster Linie die Frage, wieweit Verkündigungsinhalte in verdichtete Sprachform zu bringen sind; inwieweit insbesondere sprachlich der Verstehenshorizont für biblische Texte und Inhalte ausgedehnt werden kann. Dabei machte ich eine überraschende Erfahrung:

Gerade die viel bemühten »einfachen« Leute scheinen die Versuche besser zu verstehen als theologisch Gebildete und »Zunftgenossen«. Ich habe mir von Gemeindegliedern gern sagen lassen, daß wir Theologen das Sprach- und Empfindungsvermögen der Hörer unterschätzen.

Mit der Veröffentlichung dieser Versuche verbinde ich die Hoffnung, daß der Leser sich in einigen Texten wiederfindet.

Die Meditationen erheben keine über den Rahmen des praktisch-theologischen Zweckes hinausgehenden Ansprüche.

Der qualitative Unterschied zwischen Poesie und Gesinnungs- oder Gedankenlyrik ist mir schmerzlich bewußt.

Der Praktiker, der die gottesdienstliche Versammlung der Gemeinde mitverantwortet, mag von den Texten den Gebrauch machen, der ihm nützlich erscheint. Die Texte lassen sich verbessern, verändern, auch im Ausschnitt anwenden. Rücksichtnahme auf den Autor ist nicht erforderlich.

Ich bin überzeugt, daß es viele Prediger und Hörer gibt, die trefflichere Versuche zustande bringen. Diesen möchte ich Mut zu Sprachexperimenten im Dienst der Verkündigung machen.

Peter Beier

II.

Es begann vor einigen Jahren mit dem »Kleinen Frieden«, einer Examensarbeit im Fach Homiletik. Das Thema lautete: »Die Verwendung von lyrischen Texten im Gottesdienst«. Ich wühlte einen Berg von Lyrikbänden durch, fand Passendes, ließ die Theorie grau sein und links liegen und lieferte einen ausgeführten Gottesdienst ab. Der fiel auf und fand seine »Uraufführung« in der Kieler Universitätskirche: ein abgedunkelter Kirchenraum, vorne hinter Pulten drei Sprecher, nur von Leselampen beleuchtet, stille, behutsame Musik, lange Pausen, in denen sich die Sprecher in den dunklen Altarraum zurückzogen. Eine ungeheuer schwere Ruhe lastete im Kirchenraum. Die Zuhörer arbeiteten sich von Aussage zu Aussage vor, sie gingen mit den manchmal nur angetupften Gedanken mit, sie assoziierten, phantasierten. Sicherlich, einige resignierten auch. Es waren die wenigsten.

In einer dichten Sprache wurden Dinge mittelbar gesagt. Wer zu Ergebnissen kommen wollte, mußte sie sich selbst erarbeiten. Der Text ist nur Begleiter dorthin, nicht Reiseführer, der schon alles weiß. Niemand wird bevormundet, keiner von einem in sich ruhenden Programm bestochen. Fragen werden von verschiedenen Seiten angegangen. Manchmal findet man sich wieder. Der eine oder andere entdeckt ein Problem, das er schon längst verschüttet glaubte und das er nun selbst wieder ausgraben soll, er, und niemand anders für ihn, kein Vordenker.

Die Gottesdienste in diesem Buch, und es sind Gottesdienste, nehmen Menschen in ihrem eigenständigen Denken und ganz persönlichen Fühlen sehr ernst. Sie allein sollen diese Gottesdienste zu Ende führen. Die Reaktionen in Kiel damals auf den »Kleinen Frieden« reichten von atemloser Unruhe bis zur Einkehr mit nahezu angehaltenem Atem. Angriffslustig war meines Wissens niemand. Aggression und Meditation scheinen mir auch ein Widerspruch in sich selbst zu sein. Aber beruhigt war auch keiner. Der Gottesdienst lebte eine Zeitlang weiter.

Sehr wohl ist mir klar, daß diese Form des Nachdenkens über

Gott und die Welt nur eine Ausnahme sein kann. Sie will auch wirklich und wahrhaftig nicht mit dem herkömmlichen Gottesdienst in den Clinch gehen. Dazu ist diese Feier da am Sonntagvormittag viel zu wichtig, als daß man ihr die Luft abdrücken wollte. Eine Alternative für dann und wann wird hier angeboten, die schnell und jederzeit nachvollziehbar ist, weil ihr Aufwand halt gering ist. Vielleicht werden diese Meditationsgottesdienste nicht die gemeindliche Mehrheit neben sich wissen. Sie sind exklusiv, aber nur im positiven Sinne. Ausgeschlossen wird niemand.
Nach dem »Kleinen Frieden« ging es weiter. Es ging gut weiter. Mein Mut wuchs. Nichts lief sich tot. Ich durfte die Erfahrung machen, daß Meditationsgottesdienste trotz aller Stille, der Zurückhaltung, der beinahe zärtlichen Behutsamkeit so lebendig sein können wie jeder von uns.

Wolfgang Seehaber

Inhalt